アメリカは自己啓発本でできている

ベストセラーからひもとく

尾崎俊介

平凡社

はじめに

私は毎年、年末に川崎市にある実家に帰省すると、大晦日に小田急線の栗平という駅の近くにある「ブックポート203」という本屋に出向き、本を一冊買うことにしている。なぜ大晦日に本を一冊買うのか、なぜブックポート203でなければならないのか。これには歴とした理由がある。

私はアメリカ文学の研究者という職業柄、日々、大量の本を読む。しかしその大量の本というのは、その時々の研究テーマに即したものが大半なので、どうしても同系統の本になりがちである。読めば読むほど当該のテーマには詳しくなるが、それはどんどん深く井戸を掘っているようなものなので、そのテーマ以外の話題に疎くなるのは否めない。まさに井の中の蛙になってしまうわけだ。

だから私は大晦日になるとブックポート203に行って畑違いの本を一冊買うのである。そしてそれを元日に読む。ゆえに私の場合、毎年、年始めに読む本は、完全に未知のジャンルの本なのだ。いわゆる「ブレイン・ストーミング」というやつで、脳ミソの凝りをほぐし、リフレッシュして新しい一年をスタートさせるのである。

この読書法、自分で言うのも何だが、とてもいい頭の体操になるので、読者の皆さまにもおススメしておこう。騙されたと思って、一度お試しあれ！

それからもう一つ、「なぜブックポート203でなければならないのか」についてだが、一番大きな理由は、ここがごく普通の、小ぢんまりとした本屋だから。

何しろまったく未知のジャンルの本を探しにいくのだから、紀伊國屋とか丸善とかジュンク堂といった大型書店に行ってしまうと、そこにある本が多すぎて、どの本を買えばいいか見当がつかなくなってしまう。そこへいくと、ごく普通の本屋であるブックポート203なら、並んでいる本の数も限られているので、「今日、この本屋の中にある本の中から、何が何でも一冊買って帰る」と腹を決めれば、ものの三十分ほどで年初の一冊を選び出すことができる。要するに、店のサイズ感がいいのだ。

それともう一つ、このブックポート203は、仕入れのセンスが抜群なのである。品揃えこそさほど多くはないのに、本好きが「お！」と驚くような粋な選書がしてある。その点、先にお話ししたような目的を持って未知のジャンルの本を探しにいくにはもってこいの店と言っていい。

とまあ、そんなわけで、今から十年ほど前の二〇一三年の大晦日、いつものように私はブックポート203を訪れ、年初に読む本を買ったのだった。

ちなみにその時私が買った本は、千田琢哉という人の書いた『印税で1億円稼ぐ』（あさ出版）という本だった。なぜそれを買ったのかと言えば、一つには印税で一億円稼ぐにはどうすればいいのか知りたかったから。私自身、売れない本ばかり書いている文筆業者みたいなものなので、一度くらい一億円の印税を手にしてみたいと思ったのだ。

だが、そうした世俗的な興味以上にこの本の購入を決めた一番の要因は、これが「自己啓発本」のコーナーに置いてあったこと。それまで私は自己啓発本なるものを一冊も読んだことがなかったので、この際、話に聞く自己啓発本とはどういうものであるか、実際に読んでみようと思ったのである。未知のジャンルの本を読むというのが私の年初の読書のキモなのだから、これはチャレンジするには恰好のジャンルだろうと。

かくして年末に『印税で1億円稼ぐ』という本を買った私は、あくる日、つまり二〇一四年の元日にこの本を読んでみた。

果たしてどうだったかって？

率直に言って、予想以上に面白かった。ためになることがいろいろと書いてあった。『印税で1億円稼ぐ』というこの本、まずは冒頭、文筆業で生計を立てるつもりなら、第一作に魂を込めろと書いてある。第一作には、その後出すであろう十冊分の本に相当するほどの情熱を注げと。

その後、ある程度定期的に本が出せるようになったら、次は十万部売れる本を目指す。十万部まではいかなくとも、数万部が売れるような本を一冊でも出すと、出版社の方で目の色が変わってくる。で、この波に乗って運良く十万部売れる本を出そうものなら、たちまち十社ほどから執筆依頼が来るという。つまり、その先十冊分はプロのライターとしての命脈が保たれるわけだ。

とはいえ、運はそんなには続かない。十万部の本を書いたら、次は二十万部⁉　三十万部‼⁇と、自他共に期待が高まるけれども、そんな風に調子に乗ったらおしまい。肝要なのは、それまでのレベルやペースを変えずに執筆し続け、常に一万部売れる本を目指すこと。百万部売れる本を一冊書くことより、百冊で百万部到達を目指す方が志としては堅実なのだ。

では、そんな殊勝な志を胸にデビューから五年のうちに五十冊、本を出すとどうなるか。

書店の棚に、自分の名前のついたネームプレートができるそうである。そしてネームプレートが作られるほどになれば、もう物書きとしては勝ったも同然。千田氏の場合、五十冊目の本を出した時点で、総売り上げが百万部に達したとのこと。無論、この頃までには印税一億円の大台に到達されたらしい。ふうむ、お見事！

しかし、自己啓発本ライターとして功成り名遂げた後も千田さんが心掛けていらっしゃるのは、それまでに関わった編集者や出版社との関係を良好に保つこと。頼まれた仕事はきちんとこなし、締め切りを絶対に守ること。そして自分に投資し、常に世間を観察して、流行に敏感になること。一冊書き終わったら、すかさず「さあ、次は何を書こう」と意気込んで、次の本の執筆に飛び込んでいくことであると。

なるほど、実に興味深い！　少なくとも私には大いに勉強になりました。まあ、私には五年で五十冊、本を書くほどの才はなさそうですけどね……。

ところで。

実は私には「大晦日の本購入」「元日の読書」に続いてもう一つ、毎年必ずやることがある。正月二日、小学校時代からの親友であるT山君、E藤君と誘い合わせて、三人で新年会をするのが決まりなのだ。この年も私は吉例に従い、相模大野の某所にて、男三人の飲み会を開催した。

で、その時、ちょうど千田琢哉さんの本を読んだ直後であったこともあって、私は共に勤め人であるT山君とE藤君にこんなことを尋ねてみたのである――「あのさあ、お前ら、自己啓発本って、読む？」と。

そうしたら、彼らが何と答えたか。

「読む、読む！」と。特にT山君は自己啓発本が大好物で、しょっちゅう読むらしい。

T山君曰く、自己啓発本を読むと、とにかくやる気が出る。で、その自己啓発本に書いてある指示通り、自分の生活を改善してみる。すると、何となくいい感じになってくるので、お、これはいいぞと、しばらくその調子で続けていくのだけれども、そのうちだんだん億劫になってきて、せっかく身についた習慣が一つ、また一つとうやむやになっていく。で、そうなった頃に、またふらりと本屋に入ると、おやおや、また新しくてためになりそうな自己啓発本の新刊が出ているではないか！　そこでまたそれを買って帰り、読んでみると、これがまた実に説得力のあるアドバイスが並んでいるので、今度こそ！　とばかりその指示に従ってみる……ということを毎月のように繰り返しているとのこと。そんなT山君がさらに言うには、「でもさ、ジェームズ・アレンの『「原因」と「結果」の法則』って本があるだろ？　自己啓発本にもいろいろあるけど、最終的にはあそこに戻っていくんだよな……」。

私としては、もうビックリである。T山君の口から「ジェームズ・アレン」なる外国人著者の名前がスラスラと出てきたことにも相当驚かされたが、それ以上に驚いたのは、学生時代から三十年に亘って英米文学の研究を続けてきた私が、そのジェームズ・アレンとかいう作家のことも、『「原因」と「結果」の法則』という本のことも、まったく知らなかったこと。「T山君調べ」によると、いやしくも日本のサラリーマンであれば、この本を読んだことのない人の方が少数派であるというのに……。

一丁前に文学研究者たることを自負しながら、私はいったい今まで何を勉強してきたのか⁉

そしてこの日を境に、私のそれ以後の研究テーマが決まったのだった。「俺は日本一の自己啓発本研究者になる！」と。

以来、幾星霜《いくせいそう》。私はひたすら自己啓発本を読み続けた。

すると、まあ、度肝を抜かれることばかりである。新しい自己啓発本を手にするたびに、「ええっ！」とのけぞるような驚きがある。

たとえばある自己啓発本には「四六時中、自分が億万長者になったところを心に思い描いていれば、いずれ必ずそうなる」といった類《たぐい》の戯言《ざれごと》が書いてある。また「ポジティブなマインドを維持すれば、どんな病気も治る」などと明言しているツボ商法めいたいかがわしい本があるかと思えば、「あなたの内部にある本能的なスキルを活用すれば、どんなスポーツでも瞬時にマスターできる」などと主張するオカルト本まであるのだ。

これはいったい何事？　自己啓発本はやたらに売れていると言うけれど、本当に世の中の人はこんな眉唾《まゆつば》なことが書いてある本を読んで納得しているのか？　納得した上で、これらの本の中に書いてあるアドバイスを実践しているの？

これは私の知っている世界ではない。これまで私が培ってきた文学研究のノウハウでは太刀打ちできない何かが、ここにはある。

しかし……。

このぶっ飛んだ自己啓発本の異世界を十年ほども彷徨《さまよ》っていると、それなりにこの世界の「道筋」のようなものが見えてくるものである。そして一旦この道筋が見えてくると、当初仰天した自己啓発本特有の奇妙奇天烈な諸言説にはそれぞれ曰く因縁があり、それさえ心得ていれば、その諸言説にもそれなりの説得力というか、「あ、なるほど！」と思わせるような叡智が潜んでいることも分かってくる。実際、私自身もこの十年、それを知ったことによってずいぶん助けられることがあった。

いやあ、自己啓発本、面白い！　ぶっ飛んでいるけど、面白い！

というわけで私は、ミイラ取りがミイラになるごとく、いつしかすっかり自己啓発本の虜《とりこ》になってしまったのである。そしてその素晴らしき自己啓発本の世界を、一人でも多くの方に知っていただきたいと思い、書き上げたのが本書なのだ。

かつて私自身がそうであったように、読者の皆さまの中には、自己啓発本なるものを「うさん臭いもの」と決めつけておられる方も多いと思う。が、その決めつけは一旦脇に置き、とりあえず私の案内に従ってこの驚異に満ちた文学ジャンルのあれやこれやを虚心坦懐《きょしんたんかい》にご覧いただきたい。そしてそのことによって、もともと自己啓発本好きの方々はもちろんのこと、「自己啓発本なんてくだらない」と端から見限っておられる方々にも、この意外にも豊穣な異世界の面白さをお伝えできればと願っている。

アメリカは自己啓発本でできている　目次

6 日めくり式自己啓発本

7 スポーツ界の自己啓発本

8

column

アメリカは自己啓発本でできている——ベストセラーからひもとく

自己啓発思想の誕生

ベンジャミン・フランクリン『自伝』

「はじめに」で述べたように、自己啓発本のことを調べ始めると、予期せぬ発見が色々とあるのだが、中でも私にとって意外だったのは、この文学ジャンルがアメリカ発祥であり、しかも比較的最近（十八世紀末）になって生まれたものだということ。それまで私は漠然と、世界各国にそれぞれ固有の自己啓発本が大昔からあるのだとばかり思っていたのだ。

実は発祥国たるアメリカ以外の国で自己啓発本が盛んに書かれ、かつ読まれているのは日本くらいなものなのである。イギリス連合王国、特にスコットランドには多少その伝統が残っているものの、大勢から言うとそんなものである。近年、韓国でも自己啓発本の出版が盛んになってきたが、その多くは「あんまり頑張るな、息抜きしながら生きろ」という趣旨のダウナー系の自己啓発本であり、人生に拍車をかけるような、自己啓発本本来のアッパー系自己啓発思想に基づくものではない。

ではなぜこの文学ジャンルはアメリカ発祥なのか、なぜアメリカと日本においてだけ栄えるのか？

このことを探っていくと、自己啓発思想や自己啓発本の本質というものが見えてくる。

自己啓発本の成立条件

自己啓発本とは、基本的には「出世指南書」である。もちろん「金儲け指南」という側面もあるが、社会的に出世すればそれに伴って収入も増えるのであるから、一義的には「出世指南」という側面の方が強い。「こういう風に振る舞えば、あなたも出世できますよ」と説くのが自己啓発本の基本形だと思っておけば、作業仮説として間違いはない。

となると、そもそも自己啓発本が生まれるためには、「出世しようと思えば出世できる環境」と、その環境の中で「出世したいと思う人」が大勢いることが前提条件となる。この二つの条件が揃わなければ、いくら自己啓発本が立身出世を焚きつけたところで、それは絵に描いた餅にしかならないのだから。

ではまず「出世しようと思えば出世できる環境」、すなわち社会の流動性について考えてみよう。

社会が流動的であるということは、職業選択の自由が確保されているということだ。どんな身分、どんな出自であろうと、またどこに住んでいようと、男性であろうと女性であろうと、自分の就きたい職業を自由に選ぶことができ、さらに能力次第でその職業のトップの座に就ける――そういう可能性が開かれているという状況がなければ、その社会に流動性があるとは言えない。となると、そうした流動性を担保した国が世界のどこにでもあるというものではないことはすぐに想像がつくだろう。インドの伝統的カースト制度、イスラム原理主義社会における女性の立場、はたまたある種の共産主義社会などを想起するまでもなく、社会的流動性が確保されていない国は決して珍しくはない。

ならば、いわゆる先進国ならどうか。先進国なら、さすがに社会の流動性自体はある程度担保されているだろう。だがその場合、今度はそこに「出世したい人が大勢いるかどうか」が問題となる。特に、その出世のために身を削るような奮闘努力が必要となる場合、そうした犠牲を厭わない人ばかりとは限らないからだ。現状維持で十分、今不足がないならば、今必要とされる以上の仕事をする意味がないと考えるのんびりした国民性を持つ国というのは、一般に日本人が想像する以上にたくさんある。語弊を恐れずに言うならば、カトリック系のラテン民族諸国にその傾向が強い。

では、アメリカの場合はどうなのか?

厳格なカルヴァン主義ピューリタニズムの縛り

無論、現代のアメリカ社会が流動性の高いものであることは言うまでもない。が、元からそうであったわけではない。否、植民地時代まで遡れば、アメリカの社会的流動性はむしろ相当に低かった。

当時のアメリカは世界史上まれに見るほどに厳格なピューリタン国家であり、そこに住む人々の出世欲を煽るような社会ではなかったのである。

ご存じのようにアメリカは、宗主国イギリスにおける英国国教会の腐敗を批判し、挙句、国を追われたピューリタンたちが、新天地に自分たちの理想郷――新しいエデン――を作るべく、十七世紀前半に北米大陸に移住したことから始まった国である。そのような事情があったがゆえに、入植が始まったばかりの頃のアメリカでは宗教的純粋《ピューリタニズム》が重んじられ、宗教が政治以上に人々の暮らしの在り方を決めていた。

しかも当時のアメリカの宗教界では、キリスト教プロテスタントの中でも最も厳格なカルヴァン主義が主流。人々は教会の伝える教義を疑うこともなく、天地創造をした神が、その後に起こるすべてのことをあらかじめ決めているという「予定説」を奉じていた。それはつまり、人間一人ひとりには神の定めた運命があり、その運命は変えられないということを、当時アメリカに住む多くの人が信じていたということである。

運命が変えられないのであれば、それを変えようとする努力は無駄になる。貧しい農民として生まれたのであれば、それは神がその人のために定めた運命なのであって、またそうであるならば、貧しい農民であり続けることこそ神の意志を尊重することにほかならない。このような考え方が蔓延していた社会で、そこに住む人々の間に「奮闘努力して出世しよう、より高い社会的地位を獲得しよう」というモチベーションが湧いてこないのも当然であろう。十七世紀のアメリカにおいて社会的流動性が低かった理由がここにある。

それればかりではない。カルヴァン主義の予定説をそのまま信じるならば、人が死んだ後、天国に行けるのか、それとも地獄に行くのかについても、あらかじめ神の意志で定められていることになる。考えてみよう。「あなたが死んだ後、天国へ行くか地獄へ行くかは、あらかじめ神の意志で決められている」と牧師に告げられた時、天国へ行ける期待に無邪気に胸を高鳴らせた人がどれほどいただろうか？　このような場合、人間心理として、大概の人は悪い方の運命を予期するものだ。毎週末、教会に通う度に「善人として努力を惜しまず生きたとしても、いずれ死んだら地獄行きだ」という暗澹たる思いを吹き込まれつつ、当時のアメリカ人は粛々と代わり映えのしない日々の暮らしをしていたのである。

だがそれは十七世紀の話。十八世紀に入ると、事情は少なからず変わってくる。厳粛なカルヴァン主義に基づく政教一致社会であった植民地アメリカも、「理性の時代」と呼ばれた十八世紀に入ると、地獄行きの脅しを振りかざすだけで人々が萎縮する時代ではなくなってくる。教会の持つ絶対的権威が、少々怪しくなってくるのだ。

伝統的キリスト教の失墜——エマニュエル・スウェーデンボルグの登場

そしてアメリカにおける伝統的キリスト教会の漸次的権威失墜に拍車をかけたのが、エマニュエル・スウェーデンボルグ（Emanuel Swedenborg, 1688–1772）という人物であった。スウェーデンボルグとその思想は、後のアメリカの自己啓発思想に大きく関わることになるので、少し遠回りになるようだが、ここで一度、彼の生涯についてまとめておこう。

その名から推測されるように、スウェーデンボルグはスウェーデン生まれの人。十一歳でウプサラ大学に入学し、数学・物理学・鉱物学・冶金学・結晶学等、科学系諸学を修めた大秀才である。若い頃には工学上の発明に熱中し、潜航艇や超大型空気銃など、種々の発明品の設計図を描いたそうだが、中でも特筆すべきはルネサンス期のフィレンツェの大天才、レオナルド・ダ・ヴィンチの向こうを張って飛行機を設計したこと。しかもこの飛行機、しかるべき動力さえあれば実際に飛行可能だったというのだから驚く。

発明だけではない。スウェーデンボルグがダ・ヴィンチの次に挑戦状を叩きつけたのは、なんと同時代人であるイギリスの天才数学者アイザック・ニュートン。彼の画期的名著『自然哲学の数学的諸原理』(一六八七)に対抗して、スウェーデンボルグは一七三四年、自身の物理学研究の成果をまとめた『原理論』を書き上げるのだ。この本、さすがにニュートンの著作と同等の学問的価値があるとは言えないもののようではあるが、それでもここに収められた「原子論」の中で、スウェーデンボルグは事物の最小単位である「微粒子」の本質は運動と力であるとし、「力は事物に先立ち、事物は力の示現である」と記すなど、現代の量子力学に通じるような見解を示していた。スウェーデンボルグの学問の特色は、科学的というよりは思索的、しかもそんな風でありながら意外にも予見的なのである。

予見的と言えば、解剖学に関してもそうだ。スウェーデンボルグは『原理論』を書き上げた後、今度は人間の脳の解剖に熱中し、人間の意識の中心が

エマニュエル・
スウェーデンボルグ

大脳皮質の灰白質にあることを突き止めたばかりか、「大脳の最も高い葉が足の筋肉を司り、最も低い葉が顔の筋肉を支配する」というところまで明らかにしている。なおこの所見は、カナダの脳神経外科医ワイルダー・グレイヴス・ペンフィールドが一九五五年に発表した「ホムンクルス（=体性感覚野）」とほぼ一致しており、その意味でスウェーデンボルグは、脳科学に関して時代を二百年以上先取りしていたと言っていい。

とはいえ、スウェーデンボルグが五十代も間近になってから脳の解剖に血道を上げたのは、必ずしも医学的な興味からではなかった。そうではなくて、もっと形而上的な興味、すなわち人間の生命の根源がいずこにあるのかを確かめたかったのである。そう、この頃のスウェーデンボルグの関心は、発明も自然科学も通り越して、「人間とは何か」という究極の問いに対する答えを探すことに向かっていたのだ。

で、彼は解剖実験と思索を繰り返した結果、人間の霊的活動の中心たる「心」が脳にあること、さらに人間の心には四つの階層があり、中心部にある「霊魂（アニマ）」から外側に向かって順に純粋知性を司る「霊的な心」、思考・想像・判断を司る「合理的な心」、そして一番外側に記憶・感覚・情動・本能を司る「自然な心（アニムス）」が積み重なっていることを導き出す。そしてこの四つの心が肉体の中に封印されているのが人間であると喝破するのである。

では、人間の霊的活動の中心たる「霊魂」とは何なのか。

この問いをめぐって思索を重ねていったスウェーデンボルグは、ここでも科学的な観察や分析といった手続きを飛び越し、「こうであるはずだ、こうでなければならない」というところまで論理的飛躍をする。そしてその行き着いた先が、「霊的流動体」という概念であった。

スウェーデンボルグは、人を人たらしめている霊魂とは、人間の内部から発生したものではなく、外部から流入したものであるはずだと考えたのである。逆に言うと、人間の脳とは一種の受容体、すなわち器のようなものであって、この器が外部から流入する霊魂を受け入れてはじめて脳が機能し始め、またそれによって人が人となるのだと考えた。

となれば、その流入するものこそが「神」であると考えるほかはない。またそうであるならば、神とは特定の形をしたものであるはずがなく、たとえて言えば水のような流動体、すなわち「愛」という概念がそのまま物質化した「霊的流動体」であることになる。スウェーデンボルグは、その解剖学研究から逆算するように、神とは形を持たない流動体であるという結論に至り、それによって伝統的なキリスト教が想定してきたような人格神――たとえばウィリアム・ブレイクの宗教画などにしばしば登場する「髭を生やした老人」のイメージで描かれる人格神――と決別する。

そして流動体としての神が志したのは、自らを受け入れる器としての人間を創造することであって、「神が人間を創造した」と

ウィリアム・ブレイク
「アダムを裁く神」

いうことの真の意味がこれであると考えた。伝統的なキリスト教による解釈では、人間は神が泥をこねて作った無価値なものでしかないが、スウェーデンボルグの解釈からすれば、人間は神の創造の究極の目的であり、神本体の一部を分かち持つという意味で、神聖な存在なのだ。

天国＝現世において抱く幸福感

右に述べてきたように、伝統的なキリスト教とスウェーデンボルグの神概念／人間概念にはかくのごとく大きな違いがあるのだが、この先、神と人間の相互関係の考察に入ると、この違いはさらに大きくなっていく。そしてその違いは、キリスト降臨をめぐる解釈に明確に顕れている。

スウェーデンボルグは、人間は神の流入によって形を成した被造物であるとはいえ、決して神の言いなりではない、と考えた。神は人間に「合理的な心」を与え、それによって自ら判断して行動する自由を与えたというのだ。「合理的な心」を用いて「自然な心」（＝本能や情動）をコントロールすれば、理性に満ちた善人になれるし、逆に「自然な心」の要求に流されれば、本能のままに生きる悪人にもなれる。そのどちらになるかについて、神は人間の自由意志に任せた、というのである。

だが、仮に人が悪に堕ちれば、その人の周りには地獄が顕現する。死ぬのを待つまでもなく、悪人になった時点で、人は地獄に堕ちる。スウェーデンボルグは、神が人間に自由意志を与えた以上、神はある程度の割合の人間が悪に堕ちることは容認するだろうと考え、事実、人間がともすると悪に傾きがちであるということを彼自身の観察としても述べてもいる。しかしまたスウェーデンボルグは、あまりにも多くの人間が悪の方に傾きそうになった時、神は人間の自由意志を妨げない程度に、そこに介入すると考えていた。たとえばイエス・キリストの降臨はそうした神の介入の一例であって、スウェーデンボルグの解釈では、イエスとは、無限存在たる神が有限世界たる自然界に降り立つ便宜上、人の形を借りた姿であり、そのイエスが自然界で悪に試されながらもその誘惑を拒むことで人間に模範を示し、自然界における善悪のバランスが悪の方に傾きすぎないよう指導した事例だという。つまりイエスの降臨とは、そうした手間をかけてまで人間を救おうとされた神の慈悲の証だったというのだ。

では悪に傾く場合とは逆に、善に傾くとはどういうことか。人はいかにすれば善人となり、天国に入れるようになるのか。

この問いに対するスウェーデンボルグの答えは簡潔かつ具体的だ。曰く、**「正直に仕事に励み、人の役に立て」**と。

既に述べたように、カルヴァン主義の予定説によれば、人が善人となるか否か、死んだ後、天国に入れるか否かは神があらかじめ決めた定めに依るのであって、それは人智の及ぶところではないわけだが、スウェーデンボルグはこうした考え方を完全に否定する。そうではなく、「各人が従事する務めや仕事や職業において、正当かつ忠実に行動」すれば、その人は善人になれるというのだ。なぜなら「こうした人の行うすべてのことは社会に役立ち、その役立ちこそが善」(『真のキリスト教』)だから。そして善人となれば、その人は自分とよく似た善き人々を引き寄せることにもなるので、彼の周囲には事実上、天国が現出する。スウェーデンボルグは、天国とは、たまたまその運命だった人が死んでから行くところではなく、正直に働いて、人の役に立つことを心掛けた人が、生きている内に体験する幸福そのものであると言ったのである。

そう、スウェーデンボルグの天国とは、まさにこの地上にあるものなのだ。そしてその天国には、心掛け次第で、誰でも入れるのである。

自己啓発思想の誕生

さて、長々とスウェーデンボルグとその思想について云々してきたが、とにかく、伝統的なキリスト教と見比べた場合、彼の説くキリスト教解釈が非常に斬新なものだった、ということはご理解いただけたのではないだろうか。特に天国を「神に恣意的に選ばれしものが**死後に赴くところ**」とする前者に対し、後者が「正直に働いて人の役に立つことを心掛ける者すべてが**現世において抱く幸福感**の謂い」であるとするその考え方の違いは圧倒的で、ゆえにスウェーデンボルグの神学は「新しい考え方(=ニューソート)」という呼ばれ方をするようになる。そしてニューソートは、スウェーデンボルグの死後、多少の時差、あるいは影響力の大小こそあれ、世界各地のキリスト者の間に伝播していくことになるのである。

だが、ニューソートに最も大きな影響を受けたのは、何と言ってもアメリカであった。理由は簡単、植民地時代のアメリカは伝統的なキリスト教教義の桎梏《しっこく》に苦しんでいたからだ。

本章のはじめに述べた通り、当時のアメリカは厳格なカルヴァン主義ピューリタニズムの中にあった。ゆえに、そこに住む人々は、人間とは土くれから作られた価値のないものであり、その運命はすべて神の手に握られていて、この世に在る内も、死んでからも、すべて恣意的な神の意志のままという考え方の下に生きていた。それは諦念を抱いて生きるということであり、そこに自分の人生を自分で切り拓いていこうという発想はなかった。向上心という概念は、当時のアメリカには生まれようもなかったのである。

だがこの闇に包まれたアメリカに、スウェーデンボルグ由来のニューソートが入ってきた。この新しい考え方によれば、人間は無価値な土くれどころか、神の宇宙創造の究極の目的だという。そして個々の人間の運命にしても、それは神の恣意的な決定事項ではなく、当の本人がその自由意志を用いて善人となることを選び、また衷心から人の役に立つ仕事に邁進すれば、この世にあるうちに自らの周囲を天国に変えられるという。つまり、**自分の運命は自分の意志によってどうとでも選べる**というのだ。

ならば、その考え方に賭けてみる価値はあるのではないか？　自らの努力で自分の運命が切り拓けるというのであれば、それを試してみて損はないのではないか？

「人間には価値がある」という基本的な信念、そしてそれにプラスして「人間は自助努力を積み重ね、正直に働けば、自らの運命を良い方に変えられるかもしれない」という希望、この二つこそが「向上心」という人間の精神的特性が生じる契機であり、ありとあらゆる自己啓発思想の土台である。十八世紀のアメリカに自己啓発思想が生まれたのは、暗い闇に包まれた当時のアメリカ社会にニューソートが一条の光をもたらした、その闇と光のコントラストゆえだったのだ。

かくして十八世紀も半ばを過ぎる頃、ニューソートの希望に満ちた教義に励まされるように、自分自身に自信を持ち、向上心を携え、猛然と仕事をし、人の役に立ち、そうした自らの行動によってこの世にあるうちに自前の天国を創り出す、そんな向上心に溢れた新しいタイプのアメリカ人が次々と登場し始める。

建国の父ベンジャミン・フランクリン

そしてそんな新人類の代表格となったのが、十八世紀アメリカを代表する巨人、**ベンジャミン・フランクリン**（Benjamin Franklin, 1706–90）であった。

ベンジャミン・フランクリンと言っても、今時の日本の若い人たちにとってはピンとこないかもしれない。だが、アメリカでは「アメリカン・ドリームの体現者」として今なおとても人気のある人。政治家・外交官・文筆家としてだけでなく、「凧揚げ実験」によって落雷が電気現象であることを証明した科学者としても知られ、そこから人類に火をもたらしたギリシャ神話の巨神プロメーテウスにちなんで「モダン・プロメーテウス」などと呼ばれたりもする神話的人物。映画『バック・トゥー・ザ・フューチャー』で、天才科学者のドクがリスペクトしているのもこの人だ。それもそのはず、ドクはこの映画の最後の方のシーンで、自身の開発したタイムマシンを稼働するのに、落雷のエネルギーを使うのだから。

そんな神話的人物たるフランクリンも、その出自は大分控え目だった。子だくさんな貧しい獣脂ロウソク職人の息子として生まれ、十二歳にして印刷工として働きに出た苦労人。しかし、そこで腐らないのがフランクリンのフランクリンたる所以で、彼は勤勉さと向上心を武器に、華麗なる立身出世の経歴を築き上げる。

　でまたそのとんとん拍子の出世ぶりというのがすごくて、まずは一七二九年、二十三歳にしてフィラデルフィアの新聞社を買収、その紙面を拠点にして各種社会改革を指揮した他、アメリカ初の会員制図書館を作ったり（一七三一年）、消防団を作ったり（一七三六年）するなど、地元の発展に寄与。またそうした幅広い社会貢献が評価されたためか、一七三七年にフィラデルフィアの郵便局長に推挙されたのをはじめとして公職にも就くようになり、一七六四年からは植民地全権委任代表としてロンドンで活動、一七七五年に帰国すると今度はアメリカ植民地の初代郵政長官の要職に就いている。さらに同年、宗主国イギリスからの独立を求めた独立革命が始まるや、アメリカ独立の大義を訴える「独立宣言」起草のための「五人委員会」委員に就任。「すべての人間は生まれながらにして平等であり、その創造主によって、生命、自由、および幸福の追求を含む不可侵の権利を与えられている」という高邁な前文で名高いこの宣言は、後年、日本の福沢諭吉がこれを真似て「天は人の上に人を造らず人の下に人を造らずといえり」という一文をものしたことでも知られているが、あの有名なアメリカ独立宣言の作成にもフランクリンは関わっていたのである。

　それだけではない。この宣言を起草した後、彼は特命を帯びて電光石火フランスに出向くと、対イギリス戦でのフランスの協力と他の欧州諸国の中立

アメリカ建国の父
ベンジャミン・フランクリン

を取りつけ、外交官としても超弩級の手腕を発揮する。そして亡くなった時には「アメリカ建国の父祖《ファウンディング・ファーザーズ》」の一人として国葬の栄誉を受け、今ではアメリカの高額紙幣たる百ドル紙幣にその肖像が描かれているのだから、いわばフランクリンは、無一物から「アメリカの顔」にまで成り上がったと言っていい。

世界初の自己啓発本――フランクリンの「十三徳目」

とまあ、ベンジャミン・フランクリンというのは、文字通りゼロスタートから国の顔にまでなったのであって、まさに「アメリカン・ドリームの体現者」と言っていいわけだが、そんなフランクリンが晩年になって**『フランクリン自伝』**（*The Autobiography of Benjamin Franklin*, 1771–90）と題した自伝を書き上げ、自分がいかにして貧しい出自からアメリカ建国の父祖と言われるまでに成り上がったか、その経緯と方法を具体的に綴ったとなれば、この自伝を読んだ当時のアメリカの人々が、この本の中に「立身出世の秘訣」を求めたのも当然だろう。そして本章の初めに定義したように、そもそも自己啓発本というのは立身出世をするためのノウハウを指南するものなのだから、『フランクリン自伝』は自伝であると同時に、自己啓発本でもあることになる。『フランクリン自伝』がアメリカ初の、そして世界初の自己啓発本と呼ばれる所以がここにある。

ではそのフランクリンが『自伝』の中で語った「立身出世の秘訣」とは一体、どのようなものなのか？

『自伝』の中で、最も直接的に立身出世の秘訣について触れているのは、「十三徳目」について語っているくだりである。立身出世を志すならば、これらの徳目を堅く守るのが早道、ということなのだが、ではフランクリンが定めたその徳目とは何か。以下、その十三項目を挙げてみよう。

1. **節制** 飽《あ》くほど食うなかれ。酔うまで飲むなかれ。
2. **沈黙** 自他に益なきことを語るなかれ。駄弁《だべん》を弄《ろう》するなかれ。
3. **規律** 物はすべて所を定めて置くべし。仕事はすべて時を定めてなすべし。
4. **決断** なすべきことをなさんと決心すべし。決心したることは必ず実行すべし。
5. **節約** 自他に益なきことに金銭を費すなかれ。すなわち、浪費するなかれ。
6. **勤勉** 時間を空費するなかれ。つねに何か益あることに従うべし。無用の行いはすべて断つべし。
7. **誠実** 詐《いつわ》りを用いて人を害するなかれ。心事は無邪気に公正に保つべし。口に出だすこともまた然《しか》るべし。
8. **正義** 他人の利益を傷つけ、あるいは与うべきを与えずして人に損害を及ぼすべからず。
9. **中庸《ちゅうよう》** 極端を避くべし。たとえ不法を受け、憤《いきどお》りに値すと思うとも、激怒を慎しむべし。
10. **清潔** 身体、衣服、住居に不潔を黙認すべからず。

11. **平静** 小事、日常《にちじょう》茶飯事《さはんじ》、または避けがたき出来事に平静を失うなかれ。
12. **純潔** 性交はもっぱら健康ないし子孫のためにのみ行い、これに耽《ふけ》りて頭脳を鈍らせ、身体を弱め、または自他の平安ないし信用を傷つけるがごときことあるべからず。
13. **謙譲《けんじょう》** イエスおよびソクラテスに見習うべし。

（『フランクリン自伝』、一五七―一五九頁）

これがフランクリンの有名な十三徳目であるが……さて、いかがなものだろう。案外普通なので、がっかりされたのではなかろうか。

確かに、これら十三の徳目は、それ自体として見れば、さほど特筆すべきものではない。だが、フランクリンが只者でないのは、十三徳目を考案したこともさることながら、その効率の良い習得法までも考案したことによる。

実際、この十三徳目をすぐに我が物とすることは、フランクリン自身にとっても難しいことであった。そこでフランクリンは一計を案じた。これら十三の徳目を全部いっぺんに守るのではなく、毎週一つ、特定の徳目に狙いを定め、その週はその徳目だけを集中して守るようにしたのである。そして、この一つの徳目を一週間連続して守れたならば、その徳目については一応マスターしたことにして、次の週は次の徳目に進む、というルールを作った。

このような仕組みを作ると、理論的には十三週ですべての徳目をマスターできることになる。で、フランクリンは十三徳目を一通りマスターした後、また最初の徳目に戻って同じ手順を踏み、それを四回繰り返すことにした。すると十三週×四回で五十二週、すなわち一年間ということになるわけだが、一年間、心を定めて努力し続ければ、これらの徳目を守ることが習い性となり、完全に身につくはず。

無論、計算上はそうであっても、そううまくは行かないものであり、さしも意志堅固なフランクリンにとっても「規律」の戒めを遵守するのには随分苦労したそうだが、しかし、努力を続けた甲斐はあった。この十三徳目を習慣化したことによって得たメリットについて、フランクリンは次のように語っている。

この物語を書いている数え年で七十九歳になる今日まで私がたえず幸福にして来られたのは、神のみ恵《めぐみ》のほかに、このささやかな工夫をなしたためであるが、私の子孫たる者はよくこのことをわきまえてほしい。（中略）久しい間健康を保ちつづけ、今もなお強健な体格を持っていられるのは、節制の徳のおかげである。若くして窮乏を免《まぬが》れ、財産を作り、さまざまの知識をえて有用な市民となり、学識ある人々の間にある程度名を知られるようになったのは、勤勉と倹約の徳のおかげである。国民の信頼をえて名誉ある任務を託されたのは、誠実と正義の徳のおかげである。またつねに気分の平静を保ち、人と語るさいには快活を失わず、そのために今日も親しみ近づこうとする人が多く、若い知人からも好感を持たれているのは、不完全にしか身につけることができないでしまったものの、右にあげた十三の徳が全体として持っている力によるのである。それで私は、子孫の中から私の例に倣って利益を収めようとする者が出て来ることを希望するのである。

（『フランクリン自伝』、一六九—一七〇頁）

まさに自画自賛。しかし、十七世紀のアメリカ人がカルヴァン主義の軛《くびき》に首根っこを押さえつけられ、割り当てられた運命のままに生涯を終えていたのと比べ、フランクリンのこの意気揚々たる口ぶりは印象的だ。倹約・節制を心掛け、誠実さを身につけ、よく学びよく仕事に努めれば、必ずや隣人の信頼を得、出世して財を成すことができる。そして精いっぱい力を尽くした後に勝ち得た高い社会的地位こそ、この世の天国であるということの自信。これがエマニュエル・スウェーデンボルグが説いたニューソートの体現でなくて何だろう。ベンジャミン・フランクリンは、スウェーデンボルグの思想がアメリカの土壌にしっかりと根付いたところから生まれた、大輪の花だったのである。

自己啓発本の王道「努力して成功する」

さて、このようにしてフランクリンの『自伝』は、「勤勉さと向上心によって立身出世と富を勝ち得る方法を伝授する指南本」として、アメリカにおける、そして世界における自己啓発本の第一号となったわけだが、それはつまり、自己啓発本とは元来、読者に自助努力の重要性を訴えるものだった、ということになる。ここは重要なポイントなので繰り返しておきたいのだが、自己啓発本というのは、そのスタート時点においては**「隠忍自重してひたすら努力せよ」**ということを主張する、きわめて健全な修身本だったのだ。

とは言え、アメリカは名にし負う「チャンスの国」。勤勉努力したことが比較的容易に報われることも多く、実際に立身出世を果たす人が次々と出たものだから、フランクリンの『自伝』以降、アメリカに**「自助努力系自己啓発本」**の伝統が連綿として生まれたことも、容易に納得できる。

たとえば鉄鋼業で一代にして巨万の富を築いた**アンドリュー・カーネギー**（Andrew Carnegie, 1835–1919）の**『カーネギー自伝』**（Andrew Carnegie, *Autobiography of Andrew Carnegie*, 1920）もその好例だ。スコットランドからの移民としてほとんど無一物でアメリカにやって来た十五歳の少年が、己の才覚一つで一介の電報配達係から電信技士へ、電信技士から鉄道会社へと、まるでわらしべ長者のように出世していき、最終的にはアメリカ最大の鉄鋼会社を築いて、一代にして国家予算の数パーセントと言われるほどの巨万の富を稼ぎ出したというのだから、その成功体験を綴ったカーネギーの自伝は、先に紹介したベンジャミン・フランクリンの『自伝』の伝統を受け継ぐ、正統なる後継者と言っていい。

なお、ここで一言しておくべきは、アンドリュー・カーネギーの故郷であるスコットランドがスウェーデンボルグ主義者の多い土地柄であるということ。もちろん、アンドリューも含め、カーネギー一族は全員熱烈なスウェーデンボルグ主義者である。フランクリンが十八世紀の人であったのに対し、カーネギーは十九世紀から二十世紀にかけての人だが、この時代に至っても、アメリカにおいて自助努力の末に出世と蓄財を果たした人のバックグラウンドに、エマニュエル・スウェーデンボルグの存在があったことは、覚えておいていいだろう。

自己啓発本ライターの登場

ところで、こうして『フランクリン自伝』と『カーネギー自伝』を並べて論じてしまうと、「**自助努力系**自己啓発本」とは、とりもなおさず「**自伝系**自己啓発本」の謂いなのであろうと誤解されるかもしれない。確かにその傾向はなきにしもあらずで、「自己啓発本とは、功成り名遂げた人が書くものである」というのは、一面において真実ではある。

だが実際のところ、自助努力系自己啓発本が必ずしも自伝系自己啓発本であるとは限らない。たとえばスコットランド人の**サミュエル・スマイルズ**（Samuel Smiles, 1812–1904）が世に問うた『**自助論**』（*Self-Help*, 1859）がその最初期の例であるが、著者本人が立志伝中の人というわけではなく、ただ職業著述家として古今東西の出世譚を集め、それらを元に、いかに勤勉努力・刻苦勉励《こっくべんれい》が出世につながるかを教え諭す自助努力系自己啓発本を書くというケースもあるのだ。要するに十九世紀も後半に至ると、自己啓発本を書くことを生業とする「自己啓発本ライター」が生まれたということである。

そして自己啓発本ライターが書いた非・自伝系の自助努力系自己啓発本も、自伝系のそれに劣らず、膨大な読者層を獲得した。たとえば今挙げたスマイルズの『自助論』にしても、本国およびアメリカで大いに売れたことは言うまでもないが、**中村正直**（一八三二—九一）によって『**西国立志編**』（一八七一）として訳出されると、明治時代初期の日本でも爆発的に売れた。またアメリカ人自己啓発本ライターの**オリソン・スウェット・マーデン**（Orison Swett Marden, 1848–1924）が書いた自助努力系自己啓発本の傑作**『前進あるのみ』**(*Pushing to the Front*, 1894)もまた、アメリカ国内でベストセラーになったばかりでなく、すぐに日本語に訳され、明治時代後期の日本人の出世欲を駆り立てた。

要するに、アメリカにせよ、日本にせよ、ベンジャミン・フランクリン流の「勤勉努力」を是とする文化があるところでは、自伝系であると非・自伝系であるとを問わず、自助努力系自己啓発本は売れるのである。

フランクリンの末裔——スティーブン・R・コヴィーの『7つの習慣』

そしてこうした状況は今日でも少しも変わらない。たとえば**スティーブン・R・コヴィー**の**『7つの習慣』**(Stephen Richards Covey, *The 7 Habits of Highly Effective People*, 1989)は、二十世紀後半以降に登場した自助努力系自己啓発本の最高峰というべきもので、アメリカでも日本でも大ベストセラーとなったが、この本を読むと、自助努力系自己啓発本なるものが、今なお、ベンジャミン・フランクリンの『自伝』の影響下にあることがはっきり分かる。

『7つの習慣』の冒頭に記してあるように、コヴィーは元々自己啓発本の研究者だった。そして彼は過去二百年の内にアメリカで書かれた自己啓発本を片端から読み漁る過程で、そこにある傾向を発見する。

コヴィーが発見したのは、過去二百年のアメリカの自己啓発本の内、ここ最近の五十年に書かれたものは軽薄すぎて使い物にならない、ということだった。彼の見るところ、この時期に書かれた自己啓発本に指南されているのは「社交的な好イメージの作り方」であったり、「信じれば思い通りになる」という幻想であったり、はたまた「何事にも積極的に取り組めば成功する」といった過信であったり、いずれにせよ「その場しのぎの応急処置」でしかない。痛みに鎮痛剤や絆創膏をあてがっているだけで、根本原因の改善を志していないのだから、その痛みは当然ぶり返すはずだ、と。

それに比して、それ以前の百五十年間に書かれた自己啓発本は、コヴィーを満足させるだけの実質があった。その辺り、コヴィー自身の文章を引用してみよう。


これ（最近五十年に出された自己啓発本）とはまるで対照的に、建国から約一五〇年間に書かれた「成功に関する文献」は、誠意、謙虚、誠実、勇気、正義、忍耐、勤勉、質素、節制、黄金律など、人間の内面にある人格的なことを成功の条件に挙げている。私はこれを**人格主義**と名づけた。中でもベンジャミン・フランクリンの自叙伝は圧巻で、特定の原則と習慣を深く内面化させる努力を続けた一人の人間の姿が綴られている。

この人格主義が説いているのは、実りのある人生には、基本的な原則があり、それらの原則を体得し、自分自身の人格に取り入れ内面化させて初めて、真の成功、永続的な幸福を得られるということである。

（『7つの習慣』八―九頁。傍点筆者）


無論、右に挙げた引用文の中で注目すべきは、傍点を付した「中でもベンジャミン・フランクリンの自叙伝は圧巻で……」というくだり。そう、コヴィーは自らが掲げた「人格主義」の原点を、ベンジャミン・フランクリンに見ていたのだ。

かくしてコヴィーは、「人格主義」こそ自己啓発思想の真髄であるとの確信を得、自分でもそのような主義に基づいた自己啓発本を書こうと決意する。かつてベンジャミン・フランクリンが立身出世を志す者が習慣づけるべき美徳として「十三徳目」を設定したのを模し、コヴィーもまた、「この世で成功したいなら身につけるべきもの」として、特定の数の「習慣」を定めた。それが彼のいう「7つの習慣」である。ではその七つの習慣とは何かといえば……

第一の習慣：主体的である
第二の習慣：終わりを思い描くことから始める
第三の習慣：最優先事項を優先する
第四の習慣：Win-Winを考える
第五の習慣：まず理解に徹し、そして理解される
第六の習慣：シナジーを創り出す
第七の習慣：刃を研ぐ

の七つ。これを見ると、「第一の習慣」はフランクリンの十三徳目で言えば「決断」に近く、「第二の習慣」は、「自分が死んだ時に他人からどう評価されたいかを基準に行動せよ」ということだから「誠実」に近い。そのように当て嵌めていくと、「第三の習慣」は「沈黙」や「勤勉」、「第四の習慣」

は「節約」や「正義」、「第五の習慣」は「謙譲」、「第六の習慣」は「沈黙」、そして常に自分の心身の状態を好調に保てと教える「第七の習慣」は「節制」「規律」「清潔」「平静」「純潔」に相当する。やや強引な結び付けではあるが、要するにコヴィーが言いたいのは、人生で成功する要諦は、何らかのノウハウやスキルをモノにすることではなく、ただひたすら人格を陶冶することだ、ということなのである。そしてそれは、ベンジャミン・フランクリンが『自伝』で示した教訓と同じなのだ。コヴィーは、『7つの習慣』を書くことによって、フランクリンが立身出世の要諦として示した人格主義を、二十世紀末の世に復活させようとしたのである。

なお、コヴィーがいかにベンジャミン・フランクリンに傾倒していたかは、彼が後に「フランクリン・コヴィー社」なる会社を設立していることでもよく分かる。何しろ自分自身の名前とフランクリンの名前を合体させてしまったのだから、コヴィーが「我こそはベンジャミン・フランクリンの後継者なり」という自負を持っていたであろうことは疑い得ない。そしてフランクリン・コヴィー社が開発した主力商品である「フランクリン・プランナー」というスケジュール帳は、日々の仕事の予定ばかりでなく、人生の大目標を達成するために今やるべきことは何かを記す欄が随所にあり、欄外に記されたベンジャミン・フランクリンの啓発的な名言の数々と共に、それを手にした各人がそれぞれの人生の目標に到達できるようサポートするツールになっていて、我が国でもこの手帳の愛用者は多いと聞く。事実、私の友人にも一人、このスケジュール帳の愛用者がいるが、かくのごとく、スティーブン・R・コヴィーの仲介によって「自己啓発思想家ベンジャミン・フランクリン」の名声は、現代の野心家たちの間に今も轟いているのだ。

さて、ここまで、なぜアメリカで自己啓発本なるものが生まれたのか、ということを解説する便宜として、エマニュエル・スウェーデンボルグの特異な思想や、アメリカ初の自己啓発本の著者となったベンジャミン・フランクリンについて解説し、そしてフランクリンの『自伝』に端を発する「自助努力系自己啓発本」の系譜が脈々と受け継がれて、今日、日本でもベストセラーとなったスティーブン・R・コヴィーの『7つの習慣』にまで及んでいることなどについて話をしてきた。

ところが。

自助努力系自己啓発本の誕生から後れること約一世紀、十九世紀末のアメリカに、自助努力系自己啓発本とはまったく異なるタイプの自己啓発本が生まれるのだ。そしてこの新種の自己啓発本は、今では自助努力系自己啓発本を凌駕するほどの人気を得、自己啓発本市場を席捲することとなる。

そしてその自己啓発本のニュー・ブリードこそ、本書「はじめに」で言及したジェームズ・アレンの『「原因」と「結果」の法則』などが属する一連の自己啓発本、すなわち**「引き寄せ系自己啓発本」**だったのである。

日本の自己啓発本事始め

本章では自己啓発本というものが十八世紀のアメリカで生まれた経緯について解説してきたわけだが、アメリカ同様、自己啓発本の幸《さきわ》う国である日本の場合はどうだったのだろうか？

本章の中で述べたように、アメリカの場合、厳格なカルヴァン主義に基づくピューリタニズムが蔓延していた社会がまずあって、そこにニューソートという新しい宗教概念が入り込み、「個人の努力次第で天国に行けるようになるかもしれない」という希望的観測が生まれた時に、「では、努力して自分の運命を変えよう」という気運が生じて、それがアメリカ初の自己啓発本たるベンジャミン・フランクリンの『自伝』の登場を促したのであった。

で、アメリカにおけるこのような自己啓発思想／自己啓発本誕生の経緯を踏まえれば、日本でもこれとよく似た状況があったことが思い起こされるだろう。そう、例の「士農工商制度」である。

江戸時代の日本には「士農工商」という身分制度があった。侍の家に生まれたら代々ずっと侍、農家に生まれたら代々ずっと農民ということで、社会的な流動性というものはなかった。ところが明治時代に入ってこの身分制度が撤廃されると、たとえ農家に生まれても、その人の志と能力次第で政府の主だった役職に就けるようになった。二百六十五年もの間続いた封建制が崩れ、急に「立身出世」が可能な世の中になったわけだ。日本において、自己啓発思想が生まれ、自己啓発本が書かれる下地ができたのは、まさにこの時である。

つまり、宗教的な理由であれ、政治的な理由であれ、社会的流動性が閉ざされた時代が長く続いた後、何らかの理由でその禁制が解かれ、個々人の努力次第でいくらでも出世ができる世の中に急激に変わった時に自己啓発思想／自己啓発本が誕生する契機が出てくるのであって、そういう条件が揃っていたのが、片やアメリカであり、片や日本であった、ということなのだ。自己啓発本がアメリカと日本でのみ栄える理由がここにある。

かくして明治時代に入った日本で社会的流動性が生まれ、それと同時に自己啓発思想／自己啓発本が生まれる契機が生じた際、この状況に最も早く対応したのは、誰あろう、かの**福沢諭吉**であった。福沢はこの機に応じて**『学問のすゝめ』**（一八七二―七六）をものし、この中で「人は生れながらにして貴賤貧富の別なし。ただ学問を勤めて物事をよく知る者は貴人となり富人となり、無学なる者は貧人となり下人となるなり」（『学問のすゝめ』傍点筆者、一二頁）と明言した。**人は誰でも学問をしさえすれば出世できる**、と言い切ったのだ。ベンジャミン・フランクリン同様、福沢もまた自助努力こそが出世の道だと説き、その具体的なノウハウとして「学問すること」を人々に勧めたのである。その意味で、フランクリンの『自伝』がアメリカ初、そして世界初の自己啓発本であったように、福沢諭吉の『学問のすゝめ』は、日本における自己啓発本の嚆矢《こうし》であったと言っていい。

　そして、ちょうどフランクリンの『自伝』に出世欲を煽られたアメリカ中の若者たちの誰も彼もが懸命に自助努力を重ね、仕事に励んだ結果、アメリカの近代化が急ピッチで進むことになったように、福沢諭吉の『学問のすゝめ』が出たことによって、明治期の日本に一大出世ブームが巻き起こり、野心に燃えた若者たちが首都東京を目指して上京し、学問を積んで政界・産業界に飛び込んでいった結果、日本の急速な近代化が図られたのである。その意味でアメリカの、そして日本の急速な近代化は、自己啓発本によって成し遂げられたと言っても過言ではない。世間的にあまり認識されているとも思えないが、実は自己啓発本の持つパワーというのは、それに感化された個々人の運命を変えるだけでなく、一国の歴史を変えるほどのものなのである。

そして福沢諭吉の『学問のすゝめ』以後、日本でも人格主義に基づく自助努力系自己啓発本が続々と出版された。たとえば**内村鑑三**の『**代表的日本人**』(一八九四)や『**後世への最大遺物**』(一八九七)しかり、**新渡戸稲造**の『**修養**』(一九一一)や『**自警(録)**』(一九一六)しかり、**幸田露伴**の『**努力論**』(一九一二)しかり、**高橋是清**の『**高橋是清自伝**』(一九三六)しかり。戦後を代表する自助努力系自己啓発本としては、何と言っても『**道をひらく**』(一九六八)という驚異的な大ベストセラーがあって、ベンジャミン・フランクリン同様、一代にして功成り名遂げた**松下幸之助**が立身出世の秘訣を披露しているし、最近で言えば**水野敬也**さんの『**夢をかなえるゾウ**』(二〇〇七)も、メンターの「ガネーシャ」が次々と課す課題(=徳目)を順次こなしていくことで、主人公が人間的に成長していく様を描いている点において、『フランクリン自伝』直系の本と言っていい。

アメリカにおけるのと同様、日本においても自助努力系自己啓発本の系譜は、今なお連綿と続いているのである。

2 引き寄せ系自己啓発本の誕生

さて、自己啓発本の研究を始めたばかりの頃、私は『フランクリン自伝』や『自助論』、はたまた『カーネギー自伝』などをむさぼり読みながら、初期自己啓発本の傑作の多くが、伝記的な事実に基づきつつ「努力した者は必ず報われる」という倫理を読者に伝える健全な修身本であったことを確認していった。だが、その一方で私にはもう一冊、どうしても読んでおきたい本があった。それは**ジェームズ・アレン**（James Allen,1864–1912）の**『「原因」と「結果」の法則』**（*As A Man Thinketh*, 1902）という本。そう、我が親友T山君が「世の中に自己啓発本は数あれど、最終的にはここに戻ってくる」と呟いた本である（本書「はじめに」参照）。彼がそこまで言うとなれば、どうしたって気になるではないか。この本もまた、フランクリンの『自伝』と同様の健全な修身本なのだろうか、それとも……？

願えばすべて叶う――アレン『「原因」と「結果」の法則』

ということで、本章ではまず『「原因」と「結果」の法則』とは一体全体どのような本なのか、という話から始めたいのだが、その話に入る前に、この本の著者であるジェームズ・アレンのことについて簡単にご紹介しておこう。

ジェームズ・アレンというのは、右記の通り一八六四年に生まれ、一九一二年に没したイギリスの作家である。ウィキペディアによると生家は紡績業を細々と営んでいたようだが、繊維産業の不況に伴って事業が立ち行かなくなり、仕方なくジェームズの父親が一人アメリカに出稼ぎに行くことになったらしい。無論、父親としては、いずれ新天地で生計が立てられるようになれば家族を呼び寄せて、と思っていたようだが、なんと現地に着いた途端、強盗に殺されてしまう。

かくして父親を失ったジェームズは十五歳にして学業を断念、そこから社会の荒波にもまれることとなったわけだが、様々な会社で事務職を務めているうちに彼は己の文才に気づく。そこで一八九三年にジャーナリズムに身を投じると、一九〇一年に最初の著書となる**『貧困から成り上がる』**（*From Poverty to Power*）を上梓。そして二冊目の著書、『「原因」と「結果」の法則』がそこそこの成功を収めたことで筆一本の生活となり、生涯で十九冊の本を執筆している。生きている間は裕福な暮らしはできなかったが、主著である『「原因」と「結果」の法則』だけは彼の死後、自己啓発本の名著として知られるようになり、ジェームズ・アレンの名声はアメリカに、そして遠く日本にまで及ぶことになる。

なるほど、自己啓発本をこよなく愛するT山君が、百年以上も前に書かれたこの本を手にしたことには、このような背景があったわけである。

さて、そんな来歴を知った私は、ますますこの本に興味を抱き、早速これを取り寄せてみたのだが——実際に手にしてみて、色々と驚くことがあった。

まず第一に薄っぺらい！　大きめな活字、そして広めの余白を採用しながら、それでも本文は百ページに満たない。読もうと思えば、ものの一時間で読めてしまう。今まで読んできた自助努力系（非自伝系）自己啓発本のずっしり感とは大違いである。

また中身を読んでみても、まるで散文詩のよう。なんだかこうサラッとしすぎていてどうもピンと来ない。アレ？　この程度？　これがT山君の言う「世に数多ある自己啓発本の原点」なのか??　しかし、気を取り直して二度、三度と繰り返し読んでいるうちに、ようやくこの本の要点がつかめてきた。

私が思うに、『「原因」と「結果」の法則』の要点は、冒頭の一節に凝縮されている。その一節とは、

「人は誰も、内側で考えているとおりの人間である」という古来の金言は、私たちの人格のみならず、人生全般にあてはまる言葉です。私たちは、文字どおり、自分が考えているとおりの人生を生きているのです。

（『「原因」と「結果」の法則』一三頁）

というもの。何しろ冒頭の一節なので、最初は何となく読み飛ばしてしまったのだが、この先、こ

の文章は少しずつ形を変えながら何度も繰り返し登場する。たとえばこんな風に——。

「人間は思いの主人であり、人格の制作者であり、環境と運命の設計者である」

（一六頁）

私たちは、自分を環境の産物だと信じているかぎり、環境によって打ちのめされる運命にあります。しかし、「自分は創造のパワーそのものであり、環境を育むための土壌と種（心と思い）を自由に管理できる」ということを認識したときから、自分自身の賢い主人として生きられるようになります。

（二三頁）

環境は人間を創りません。私たちの環境は、私たち自身のことを外側に漏らすのみです。気高い思いばかりをめぐらしている人が、邪悪な道に落ち、苦悩する、などということはけっして起こりません。同様に、邪悪な思いばかりをめぐらしている人が、気高い目標を達成して真の幸せを感じる、などということも絶対に起こりません。

（二六頁）

私たちは、自分の環境を直接はコントロールできないかもしれません。でも、自分の思いは完璧にコントロールできます。よって、私たちは間接的に、しかし明らかに、自分の環境をコントロールすることができます。

（四〇頁）

気高い理想を掲げ、そのビジョンを見つづけている人間は、いつの日にか、それを現実のものにします。（七一頁）

ううむ、これまたビックリである。

普通、人は「夢」と「現実」は別モノであると考えている。自分にはこれこれ、こういう夢がある。しかし、それが実現するかどうかはまったく分からない。実現するかもしれないし、実現しないかもしれない。なぜなら夢を実現するのは誰にとっても難しいことだから。

しかし、ジェームズ・アレンは「そうではない」と言っているのだ。アレンがこの本一巻を通じて言わんとしているのは、**夢と現実はイコール**であるということ。**夢が「原因」となり、それは必ず「結果」となって目の前に現れる。ゆえに、夢を実現すること自体は実は非常に簡単なことで、ただその夢を見続けるだけでいい。そうすれば、あなたは夢を実現させ、望んだ通りの環境を手に入れるであろう**――アレンが繰り返し説いているのはそういうことだ。

いやはや。これはとんだお戯れである。刻苦勉励を旨とするフランクリン流の自助努力系自己啓発本とは大違い。第一、心に抱いた夢がそのまま叶うのであれば、誰も苦労などしないではないか。このジェームズ・アレンとかいう御仁は、何をたわけた、常識はずれなことを宣うておられるのか？

だが、しかし、実のところ、私はこの本を直ちに放り出してしまう気にもならなかった。否、それどころか、むしろ俄然興味が湧いてきた。

自助努力系自己啓発本が主張する「努力した者は、報われる」ということは、まあ、言ってみれば当たり前のことである。しかしアレンの『「原因」と「結果」の法則』は、それとはまったく別のことを言っている。「こうなりたいと思えば、そうなれる」と言っているのだ。楽でいいではないか。そもそも私は、楽な道が好きなのである。そして常識はずれの突拍子もない考え方が、私は大好きなのだ。

ということで、アレンのあからさまにマユツバな『「原因」と「結果」の法則』を読んで、激しく興味をそそられた私は、次から次へとこれと同種のヘンテコリンな自己啓発本を読破していった。そしてその過程で、アレンの提唱している**「人間が心の中で願うことは、すべて実現する」**という考え方が、一般に**「引き寄せの法則」**と呼ばれていることを知ることになる。アレンの言説は決してオリジナルなものではなく、「引き寄せの法則」という言説を基にし、その上に成り立っていたのだ。

ではそのアレンが拠って立つ「引き寄せの法則」とは何であり、またそれはいつ頃、どのような背景の下に言われ始めたのか？　私の興味は、当然、そこに向かった。そしてあれこれ調べていくうち、「引き寄せの法則」の源が、アレンの故郷たるイギリスではなく、アメリカにあることが判明する。

「病は気から」、クインビーの精神療法

ことは十九世紀前半、アメリカはニューハンプシャー州のレバノンという町に住む**フィニアス・クインビー**（Phineas Parkhurst Quimby, 1802–66）なる若き時計職人が、結核に冒されたことから始まった。結核

といえば、当時は死病。クインビーも一時は死を覚悟するのだが、人づてに「馬に乗るのは健康にいい」と聞いた彼は、藁にも縋る思いで乗馬にトライしてみた。で、慣れぬ手綱をひしと握りしめ、振り落とされてはならじと無我夢中で鞍にしがみつき、その間、病気のこともすっかり忘れていたら……なんとそのまま結核が完治してしまった（ホントに⁉）。

無論、このような衝撃的な体験をしたとなれば、クインビーが「病は気から」という古くからの言い伝えが真実なのではないか、と考え始めたのも当然だろう。「自分は病気だ」という暗澹たる思いが病気の症状を生み出していたのであって、病気のことを忘れてしまえば、あるいは「自分は病気ではない」と強く信じれば、病気の症状も雲散霧消するのではないか——。

このような考えに行き着いたクインビーは、新約聖書の中でイエス・キリストが為した奇跡の多くもまた、長患いの病人に「あなたはもはや病気ではない」と信じさせることでその病人を癒すというものであったことに気づく。そして「あなたは病気ではない」と患者に信じ込ませることで病気を治すこの治療法を「キリストの科学」と名づけたクインビーは、以後、時計職人から「キリストの科学」を用いた治療者へと転じ、メイン州ポートランドに治療院を設立して医者に見放された一万二千人もの病人を救った。またそうなれば、クインビーの奇跡的な治療法の噂がたちまちアメリカ全土に広まっていったのも当然だろう。何しろアメリカは国土が広い割に人口密度が低く、たとえ病気にかかっても医者のいるところまでたどり着けない人が大勢いた。だから医者に掛からずとも、自らの強い意志で「病気ではない！」と強く思い込みさえすれば病気は治る（らしい）という噂は、当時のアメリカの人々にとってはまさに福音だったのだ。

とまあ、クインビーの登場をきっかけとして、十九世紀半ば以降のアメリカでは「病気でないと思えば、病気ではなくなる」という原理に基づく「精神療法(mind cure)」が大流行するようになるのだが……自己啓発思想史の観点から言って、面白いのはここから先である。

クインビーが見出した「キリストの科学」は、「病気ではないと信じれば、病気ではなくなる」というものであったわけだが、これをもう少し押し広げて一般化すれば「強く思い込めば、思い込んだ通りになる」ということになる。で、もしこの命題が真実であるならば、この原理を病気の治療の時にだけ使うというのはもったいない話ではないか? 人間の思いの力がそれほど強いものであるならば、それをいわば「普段使い」し、誰しも自分の望むことを望んだ通りに実現させればいいのではなかろうか?

十九世紀アメリカ最高の哲学者エマソンの箴言

そう、「人間が心の中で願うことは、すべて実現する」という「引き寄せの法則」は、クインビーの精神療法(=キリストの科学)の原理からほんの一歩の距離しか離れていなかったのである。そしてその「あと一歩の距離」を埋めたのが、フィニアス・クインビーの同時代人、**ラルフ・ウォルドー・エマソン**(Ralph Waldo Emerson, 1803–82)であった。

エマソンは「コンコードの賢者」として人々に慕われた十九世紀アメリカ最高の哲学者である。ハーバード大学出のエリートで、同大大学院(=神学校)を修了した後、地元教会の牧師職を務めるのだが、後にその権威主義的な教会とは決別。「人間は神の創造物であるのだから、わざわざ教会を介さなくても神と直接に向き合うことができる」とする「超絶主義」を旗揚げした気骨ある人物。長大な著作よりもむしろ寸鉄人を刺す類の秀逸な箴言《しんげん》で知られた人であり、その箴言は今もなお多くのアメリカ人の拳拳服膺《けんけんふくよう》するところとなっている。以下、そんなエマソンの箴言を幾つか挙げてみよう。

What is a weed? A plant whose virtues have never been discovered.
（雑草とは何か？　その美点がまだ知られていない植物のことである。）
Adopt the pace of nature: her secret is patience.
（大自然の歩みに学べ。その極意は辛抱だ。）
Every man I meet is in some way my superior.
（私以外の誰からも学ぶところがある。）
The only way to have a friend is to be one.
（友を得る唯一の方法はあなたから友になることである。）
To be great is to be misunderstood.
（偉大になるということは誤解されることである。）
Nothing can bring you peace but yourself.
（あなたに心の平安を与える者はあなたしかいない。）
Without a rich heart, wealth is an ugly beggar.

（豊かな心がなければ富は醜いものでしかない。）

All life is an experiment. The more experiments you make the better.
（人生とは実験だ。実験すればするほど良い。）

エマソンの箴言というのは大体こんな感じで、短ければ短いほど優れたものが多く、その短いフレーズの中に深遠なる叡智が詰まっていると言っていい。

さて、多くのアメリカ人に敬愛され、その箴言が広く人口に膾炙《かいしゃ》してきた哲学者エマソンだが、そんなエマソンの数多い箴言の中でも最も有名なものの一つがコレ。

A man is what he thinks about all day long.
（人間とはその人が日がな一日考えていることに等しい。）

これは確かにその通りなので、農業従事者は農作物の生育のことばかり考えているだろうし、儲かる／儲からないで四六時中悩んでいる人がいたら、その人は商人である可能性が高い。発明家は発明のことで頭が一杯、音楽家なら良い音を追求することに日夜余念がないはず。

しかし、このエマソンの箴言をさらに敷衍《ふえん》したらどうなるか。「人間とはその人が日がな一日考えていることに等しい」のであれば、日がな一日、出世したいと思っている人は、実際に出世できるのではないか？　日がな一日、金持ちになりたいと思っている人は、金持ちになれるということなのではないか？　ひょっとして大哲学者エマソンは、先のフィニアス・クインビーの精神療法の原理を是とし、「人間の思考力はかくのごとく強いので、人間が心の中で願うことはすべて実現する」と、我々に教えてくれているのではないのか？

片やクインビーは時計職人上がりの精神療法治療者、片やエマソンはハーバード大学出のエリート哲学者。バックグラウンドも職業も異なるこの二人の言説がこのように似てきてしまうことは、傍目には奇妙に映るかもしれない。しかし、実はそうなる必然性があるのだ。クインビーとエマソンは、共にエマニュエル・スウェーデンボルグの影響を強く受けたスウェーデンボルグ主義者だったのである。

本書第一章で述べたように、十八世紀以降、スウェーデンボルグの思想（＝ニューソート）のアメリカにおける影響力というのは非常に大きかった。そしてこのニューソートがアメリカに入り込んできたがために、彼の地でそれまで支配的だったカルヴァン主義的キリスト教教義の軛が緩み、人間というものが無価値な塵芥の類ではなく、神の本体である「霊的流動体」の流入を受け入れた器であって、その意味では神の一部を受け持つ有為な存在であるという考え方が、アメリカに広く定着したのだった。そしてクインビーもエマソンも、スウェーデンボルグの信奉者として、ニューソートを支持していたのである。

ゆえに、「人間は神の一部として、神の創造力の一部を分かち持っているはずだ」という考え方を共有していた二人が、揃って「人間の思い」の絶大なるパワーを信じていたとしても、そのこと自体、決して不思議なことではないのだ。

「引き寄せ系自己啓発思想」のバトンリレー

かくしてエマニュエル・スウェーデンボルグ由来のニューソートは、クインビーとエマソンを通じて**「人間が心に強く念じたことは、すべて実現する」**とする**「引き寄せの法則」**に俗転し、それが十九世紀半ばのアメリカで人口に膾炙するようになっていったわけだが、そのことと、ジェームズ・アレンがその著書の中で「人間が心の中で願うことは、すべて実現する」と主張していたことを考え合わせると、アレンは、スウェーデンボルグ↓クインビー↓エマソンと手渡されてきた「引き寄せの法則」のバトンを、二十世紀初頭の自己啓発思想として引き継いだのだと、推測することができるだろう。

先に紹介した通り、ジェームズ・アレンは『「原因」と「結果」の法則』の巻頭に、「「人は誰も、内側で考えているとおりの人間である」という古来の金言は、私たちの人格のみならず、人生全般にあてはまる言葉です。私たちは、文字どおり、自分が考えているとおりの人生を生きているのです」と記しているのだが、ここで「金言」という言葉が指しているのは、表向きは旧約聖書の『箴言』の第二十三章七節（"For as he thinketh in his heart, so is he:"）のことである。アレンの本のタイトルが"*As A Man Thinketh*"であることからもそれは疑い得ない。

しかしこの聖書の『箴言』を周囲の文脈を含めてよく読むと、これは「腹の内で邪悪なことを考えている人間は、邪悪な人間である」ということを言っているのであって、実は非常にネガティブな意味合いの文なのである。つまりアレンがこの金言を通して言いたかったであろう「人間が心の中で願うことは、すべて実現する」というポジティブな意味にはどうしてもならない。

おそらくアレンは、表向きは聖書の『箴言』の言葉を引用しつつ、彼が本当に引用しようとしたのは、イギリスでも有名であったエマソンの箴言の方、すなわち「人間とはその人が日がな一日考えていることに等しい」だったのではないか。その上でアレンは、エマソンの箴言を元に「人間が心の中で願うことは、すべて実現する」という彼なりの自己啓発思想を作り上げ、その後アレンの本がアメリカでもベストセラーになったために、いわば逆輸入のような形で、二十世紀初頭のアメリカに「引き寄せ系自己啓発本」の人気が高まったのではないか……。

無論、すべては推論に過ぎない。それはそうなのだが、同じスウェーデンボルグのニューソートを起点としながら、一方ではベンジャミン・フランクリンを通じて「自助努力系自己啓発本」の流行が生まれ、他方ではこれとはまったく趣の異なる「引き寄せ系自己啓発本」がクインビー↓エマソン↓アレンのバトンリレーの中で完成したと考えると、アメリカ生まれの自己啓発思想の、その二大潮流（「自助努力系」と「引き寄せ系」）の生成のダイナミズムが目に見えるようで実に面白い。そして我が竹馬の友T山君が「ジェームズ・アレンの『「原因」と「結果」の法則』こそ自己啓発本の原点である」と呟いたのは、こと「引き寄せ系自己啓発本」の観点からすれば、かなりいい線を突いていたのである。

「宇宙」エネルギーの登場

さて、右に述べてきた私の推論の妥当性はともかくも、アレンの『「原因」と「結果」の法則』がアメリカでベストセラーになったことを一つのきっかけとして、二十世紀初頭以降のアメリカに「引き寄せ系自己啓発本」の人気が急速に高まっていったことは事実。何しろ引き寄せ系自己啓発本は「人間が心の中で強く願うことは、すべて実現する」と言っているのだから、そのお手軽さから言って、本書第一章で取り上げた自助努力系自己啓発本を凌駕する勢いで人気を得ていったのも当然だろう。

ところで、ここでもう一つ面白いのは、引き寄せ系自己啓発本の人気が高まるにつれ、なぜ人が心の中で何かを強く念じると、念じたことが実現してしまうのか、その理由付けへの要求が高まっていった、ということである。先にも述べたように「努力した者は、報われる」という自助努力系自己啓発本の主張は、真っ当すぎてその根拠を示す必要はないのだが、引き寄せ系自己啓発本の方は、その奇妙な主張を支えるだけの何らかの理由付けが要求されるのだ。事実、二十世紀初頭のアメリカに次々と登場した初期「引き寄せ系自己啓発本ライター」の主たる仕事とは、引き寄せ言説の理論化であったと言っていい。

たとえばアレンの『「原因」と「結果」の法則』に後れることわずか四年、一九〇六年に**ウィリアム・アトキンソン**（William Walker Atkinson, 1862–1932）というアメリカの引き寄せ系自己啓発本ライターが、その名もずばり『**引き寄せの法則**』(*Thought Vibration or the Law of Attraction in the Thought World*)という本を出版している。アトキンソンがこの本の中で試みたのは、引き寄せの法則が生じる原理の理論的な解説である。

引き寄せの法則を理論化するに際し、アトキンソンが重視したのは人間の「念」の力。その辺り、この本から引用してみよう。

私たちは何かを念ずるときに、光、熱、電気、磁気と同じほど、現実的かつ繊細な波を出しています。それを見たり、聴いたり、触れたりできないからといって、存在しないと決めつけることはできません。強い磁石は波を出し、五十キロの鉄を吸い寄せるほどの力を発揮します。しかし、それほどの力を人は見ることも、味わうことも、嗅ぐことも、聴くことも、触れることもできません。

(『引き寄せの法則』七頁)

右の引用からも明らかなように、アトキンソンは人間の「念(=思考)」を、目には見えないけれども物理的な力を持つ波動だ、と定義する。となると、次に「ではその念とやらを活用するにはどうすればいいのか?」という話になってくるわけだが、ここでアトキンソンが満を持して繰り出してくるのが「無線機」の譬え。

無線機というのは、ダイヤルを回して特定の波長の電波に同調することにより、その電波を拾うように作られている。で、アトキンソン曰く、人間もいわばこれと同じ仕組みで念を発し、宇宙を漂うエネルギーと同調することによって、そのエネルギーを自分のところに引き寄せてくることができるというのだ。この点についてもアトキンソン自身の説明を聞いてみよう。

人の意志は一般に考えられている以上に、宇宙の意志と密につながっています。人が低い自分を克服して、真我を肯定すれば、宇宙の意志とつながり、多くの驚くべき力を授かります。（二四頁）

意志の電流は心霊の架線を流れています。心のトロリーポール（訳注：トロリーバスや電車のパンタグラフ）を上げ、その力を下ろして、使いさえすればよいのです。あなたの小さなバッテリーは宇宙の意志力の宝庫と接続しているので、供給量は無限です。（二三頁）

要するにアトキンソンの中では、宇宙とは意志を持った無尽蔵のエネルギーの謂いであり、人間の念もまた一種のエネルギーであって、その**念のパワーを宇宙と同調させることで、そこから好きなだけエネルギーを引っ張ってくることができる**と考えていたのである。宇宙というエネルギー源に「思考」というコンセントを差せば、そこからエネルギーを引いてこられるというのだから、発想としては実に面白い。

さて、アトキンソンによって、引き寄せの法則を実現させるために必要なエネルギー源（＝宇宙）と導線（＝人間の念／思考力）は確保された。が、それでもまだ、なぜ宇宙にそれほどのエネルギーが内在しているのか、なぜそれを人間は利用できるのか、といったことについては、若干、説明不足な感が否めない。

その説明不足な点の理論化に取り組んだのが、アトキンソンに続くもう一人のアメリカの引き寄せ系自己啓発本ライター、**ウォレス・ワトルズ**（Wallace Delois Wattles, 1860–1911）であった。ウィリアム・アトキンソンの『引き寄せの法則』の出版から四年の後、一九一〇年に世に出た『**確実に金持ちになる「引き寄せの法則」**』（*The Science of Getting Rich*）の中でワトルズは、「宇宙」というものの本質、そして宇宙と人間との関係性を、さらに明確に説明している。

ワトルズはまず、宇宙というのは「形のない唯一の物質」というただ一つのものからできている、と主張する。その物質は宇宙の隅々まで満ちており、宇宙にある万物はすべてこの「一つのもの」から成っている。しかもこの形のない物質は、思考力を持ち、創造のエネルギーに溢れていて、自ら思考したことに形を与えることができるという。

で、その物質は、独自の意志によって宇宙内にある万物を作り上げているわけだが、そうなると当然、宇宙内の存在である人間もまたその「形のない唯一の物質」が固まってできたもの、ということになる。

ただ、人間が他の宇宙内存在と異なる点は、人間には思考力があるということ。だから、万物の中で人間だけが思考のパワーを宇宙に向けて発出することができる。また人間の思考には特有の波長があり、宇宙に遍在する「形のない唯一の物質」もエネルギー振動体なのだから、思考を「形のない唯一の物質」にぶつけ、両者の波長を同調させれば、「形のない唯一の物質」に自分の望んだ通りの形を与えることが可能だ。たとえば人間が「新しい家が欲しい」と思えば、その思いが宇宙に飛んで行って、「形のない唯一の物質」を材料に「新しい家」を作り出す。あとはそれを思考の磁力によって、自分の手元に引き寄せればいい。

ワトルズによれば、これこそが「引き寄せの法則」の作動原理であると言うのだが、事実、二十一世紀の今日でさえ、「引き寄せの法則」が云々される時は、ワトルズが練り上げたこの理論がそのまま引っ張り出されてくるから、確かにこれで引き寄せの法則の理論化は完成したことになるのだろう。

資本主義の欲望は「神の意志」

それにしても、そもそも宇宙を満たすこの「形のない唯一の物質」、それによって万物が作られているというこの物質とは何なのか。この問いに対して、ワトルズは「それが神である」と答える。また万物が神の一部ということになれば、当然、人間もまた「神」の一部ということになる。また神の一部であるからこそ人間は創造的パワーを神と共有していることになるし、そのパワーを用いて「形のない唯一の物質」を材料に、自分の願うだけの豊かな暮らしを手に入れることが可能であると。

つまり、ワトルズにとって「引き寄せの法則」とは、彼なりの神学なのだ。

そしてそのように考えると、ワトルズが何を参考にして彼の神学を作り上げたかは明らかだろう。

そう、本書第一章で解説したエマニュエル・スウェーデンボルグのニューソート。スウェーデンボルグは宇宙に遍在する「霊的流動体」こそが神の本体であり、神が創造した人間は、この霊的流動体の流入を受ける器であるとしていたわけだが、ワトルズのいう「形のない唯一の物質（＝神）」が、スウェーデンボルグのいう「霊的流動体」そのものであることは明らかである。またそうであるならば、人間がその思考のパワーを用いて「形のない唯一の物質」に働きかけ、自分の望むものを引き寄せて豊かになるのは宗教的な行為ですらある。なぜなら、神は豊かさを求めるから。人間の心の内にある「もっと豊かになりたい」という切なる願いは、世俗的なものであるどころか、実は神の崇高な意志だったのだ。

その意味で、資本主義的欲望は、二十世紀初頭に現れた引き寄せ系自己啓発思想により、「神の意志」として正当化されたと言っていい。ワトルズをはじめとする引き寄せ系自己啓発本ライターたちの世にも奇妙な言説が、資本主義社会のアメリカでなぜこれほど持《も》て囃《はや》されるのか、その理由がここにある。

かくして、**人間の飽くなき豊かさへの欲望を肯定する資本主義と結託することとなった引き寄せ系自己啓発本**は、資本主義を謳歌していた二十世紀のアメリカで、ベストセラーの系譜を築き上げることとなった。

たとえば、マイクロソフト創業者ビル・ゲイツの愛読書としても知られる**チャールズ・F・ハアネル**（Charles F. Haanel, 1866–1949）の『**ザ・マスター・キー**』（*The Master Key System*, 1912）や**ジュヌビエーブ・ベーレン**（Geneviève Behrend, 1881–1960）の『**願望物質化の「超」法則**』（*Your Invisible Power*, 1921）、「日々、あらゆる

面で、私は改善している（Day by day, in every way, I'm getting better and better.）」という魔法の呪文を日々唱えることで、望む人生を得られるようになると説く**エミール・クーエ**（Émile Coué, 1857–1926）の『**自己暗示**』（*Self Mastery Through Conscious Autosuggestion*, 1922）をはじめ、**ネヴィル・ゴダード**（Neville Goddard, 1905–72）の『**世界はどうしたってあなたの意のまま**』（*At Your Command*, 1939）、**ジョーゼフ・マーフィー**（Joseph Murphy, 1898–1981）の『**眠りながら成功する**』（*The Power of Your Subconscious Mind*, 1963）、本としてではなくＬＰアルバムとして発売され、百万枚を超す売り上げを記録した**アール・ナイチンゲール**（Earl Nightingale, 1921–89）の『**ザ・ストレンジスト・シークレット**』（*The Strangest Secret*, 1956）、スピリチュアル風味の引き寄せ系自己啓発本ライター、**ディーパック・チョプラ**（Deepak Chopra, 1946–）の『**富と成功をもたらす7つの法則**』（*The Seven Spiritual Laws of Success*, 1994）、カナダ人自己啓発本ライター、**マイケル・J・ロオジエ**（Michael J. Losier、生年不詳）の『**引き寄せの法則**』（*Law of Attraction*, 2003）など、今なおアメリカで、そして日本で売れ続けている引き寄せ系自己啓発本の名著は枚挙に暇がない。

三千万部のベストセラー『ザ・シークレット』

だが私としては、**ロンダ・バーン**（Rhonda Byrne, 1945–）の『**ザ・シークレット**』（*The Secret*, 2006）という本が、このジャンルの今日的な意味での代表作なのではないかと思っている。なにしろ二〇〇六年に売り出されるや、全世界で三千万部を売り上げたというのだから、その影響力の大きさは半端ではない。

ただ、第一章で紹介したスティーブン・R・コヴィーの『7つの習慣』が、自助努力系自己啓発本の在り方を現代風にアレンジしているという意味で、文字通りこの文学ジャンルの「現在形」であるのに対し、『ザ・シークレット』は遥かに懐古的である。

「懐古的」という意味は、ロンダ・バーンが今から百年以上前に打ち立てられた引き寄せ系自己啓発本の原理、すなわちアトキンソン／ワトルズによって理論化された例の「引き寄せの法則」を、あたかも古代の神秘的な「秘教」であるかのように扱い、その一旦失われた秘教をロンダ・バーン自身が百年ぶりに掘り起こした、という体で『ザ・シークレット』を書き上げているから。バーンが敢えてこのような一種芝居がかった書きぶりをしているのは、彼女の本職がテレビ・プロデューサーだから、と言ったら深読みしすぎかもしれないが、この本の中に「計算し尽くされた外連味《けれんみ》」を感じ取るのは、おそらく、私だけではないだろう。もちろん、「だからダメだ」と言いたいのではなく、だから面白いと言いたいのだが。

『ザ・シークレット』は、何しろ「失われた秘教」集であるから、とりあえずラルフ・ウォルドー・エマソンを神の地位に置き、アトキンソン／ワトルズといった古代族長時代から今日までの百年間に登場した様々な引き寄せ系自己啓発本ライターのことを、それぞれの時代に現れた預言者に見立てて、彼らのご託宣をあたかも「福音」であるかのように記してある。でまた、預言者たちのご託宣を真に受けてその通りに行動してみたら、なんと！　実際にご利益がありました！　というエピソードが次から次へと出てくるのだから、いささか俗っぽいとは言え、面白くないわけがない。

たとえば、こんなエピソードが書いてある。

ある物書きが、クレメント・ストーンという著名な実業家兼自己啓発思想家から「大きな目標を設定しなさい、必ず叶うから」とアドバイスされ、「年収を十万ドルにしたい」という目標を設定した。その後、来る日も来る日も「十万ドル、十万ドル」と念じていたところ、ある日ふと『ナショナル・インクワイアラー』という雑誌に目が留まった。その人は、「こういう大雑誌からインタビューされたら、私の本のことを世間の人々に知ってもらえるんだけどな」と思った。

それから六週間後、その人がたまたまニューヨークのとある大学で講演をしたところ、後で聴衆の一人が彼のもとにやってきてこう言った。「私は『ナショナル・インクワイアラー』の記者なのですが、あなたにインタビューさせていただきたい」と。このインタビュー記事がきっかけで彼の本は売れ始め、その年のうちに九万ドルの収入になった。十万ドルまであと一歩!

そこで彼はこう考えた。「十万ドルの夢が叶いそうになるなら、百万ドルの夢だって叶うに違いない」。そして以後、今度は「百万ドル、百万ドル」と念じながら生活してみたところ、やがて彼の本がベストセラーとなり、出版社から実際に百万ドルの小切手が届いた。夢を実現させたこの人の名前は**ジャック・キャンフィールド**（Jack Canfield, 1944–）、百万ドルの売り上げを叩き出した彼の本は、日本でもベストセラーとなった**『こころのチキンスープ』**（*Chicken Soup for the Soul*, 1993）である。

……とまあ、『ザ・シークレット』には、こういうエピソードが満載である。読めば面白いことは間違いない。

ただ、強いてこの本の欠点を挙げるとーー面白すぎるのだ。

たとえば、こんなエピソードが書いてある。

あるところに引き寄せ系自己啓発本で推奨されていた「ビジョン・ボード」を使って、自分が将来住みたい理想の家の外観や間取り、家具の配置などをボードに貼り付け、「こういう家が手に入りますように」と念じ続けた人がいた。その人はいつしかそのことを忘れていたのだが、その後何度目かの引っ越しの際、段ボール箱の中にこのボードが入っていたのを彼の息子が見つけ、「お父さん、これ何？」と尋ねた。

息子の問いに、そうそう、昔、こういうのを作ったなあ、と思ってそのボードを取り出してみたその人はビックリ。何と、そのボードに貼り付けた「理想の家」は、まさに今、彼が引っ越しをし終えたばかりの新しい家と寸分違わないものだった……。

……信じられます？

あるいは、こういうことも書いてある。これはこの本の著者であるロンダ・バーン自身の体験だそうだが、彼女は二人目の子供を出産した後、体重が戻らず、六十五キロになってしまった。でもこれは過食のせいではなく、「自分は太ってしまった」という日々の思いが現実化しただけだと。

そこで彼女は以後、体重計に乗って一喜一憂することをやめ、その代わり体重計の目盛りのところに自分の理想体重を手書きした紙を貼り付けた。それに加えて彼女は理想体重だった頃の自分の写真を部屋のそこここに貼り付け、またその理想体重ならばピッタリ入る服をどんどん買った。

するとどうなったか？　もちろん、時を経ずして、彼女は理想体重を引き寄せることに成功し、体重は五十三キロに戻ったのだった。

理想体重を書いた紙を体重計の目盛りに貼る……。面白すぎる。

そして、この面白すぎるエピソードの山こそが、「引き寄せ系自己啓発本」の現在なのだ。

自分を変えれば世界が変わる「インサイド・アウト」

さて、前章と本章を通じ、自己啓発本の歴史を「自助努力系自己啓発本」と「引き寄せ系自己啓発本」の二系統に分け、それぞれがどういう経緯で生まれ、どう発展していったかについて縷々《るる》説明をしてきた。前者はベンジャミン・フランクリンを起点にして既に二百年、後者にしてもジェームズ・アレン／ウィリアム・アトキンソン／ウォレス・ワトルズあたりを始祖としておおよそ百年を超える歴史を紡いできたということになるが、この間、両系統とも、様々なバリエーションをもった自己啓発本を生み出し、それぞれの時代に多くの愛読者を勝ち得てきた。

とは言え、**自助努力系自己啓発本**は「**勤勉努力、向上心を持って人格を高めよ**」と言い、もう片方の**引き寄せ系自己啓発本**は「**人が心に強く願ったことはすべて実現するのだから、なりたい自分を心に思い浮かべよ**」と言っているわけだから、両者を比べれば、後者の方が軽佻浮薄《けいちょうふはく》に見えてしまうのも致し方ない。だから、こと人気という点では後者は前者を圧倒するが、その分、後者は世間的な批判を受けてきたところがある。批判を受けるというか、もっとはっきり言えば、馬鹿にされるのだ。「心に念じるだけで思い通りの生き方ができるだなんて、そんなこと本気で信じているの？」と。

しかし、私自身は、そうは思っていない。自助努力系自己啓発本に対してリスペクトを抱くことはもちろんだが、引き寄せ系自己啓発本も決して馬鹿にはしない。さすがに『ザ・シークレット』のエピソードの中には面白すぎるものもあるとはいえ、それでも「くだらない」とは思わない。

なぜなら、自助努力系自己啓発本も、引き寄せ系自己啓発本も、ある一点については同じことを主張しているから。

その一点とは、**「今自分が置かれている状況に納得がいかず、さらに良い人生を求めるなら、自分自身が変わるほかない」**ということ。

人間の悩みとは、つまるところ「自分」と「自分の周囲の世界」との軋轢《あつれき》が原因であることが多い。自分はこうしたいのに周囲が反対するとか、自分はこれだけ素晴らしいことをしているのに周囲は評価してくれないとか、自分はこれがいいと思っているのに周囲は別なものがいいと考えているとか。

つまり、問題は常に「自分」と「自分の周囲の世界」の間で起こっているわけである。

この状況下で、人は普通、「自分は正しいのだからそのままでいい。相手（＝世界）が変わるべきだ」と考えて、相手（＝世界）を変えようとしがちだ。しかし、相手（＝世界）は他人なのだから、自分の思うように変えられるはずがない。だから、相手を変えよう、世界を変えようとすることは、自分自身が直面している問題を解決する上で、実際には何一つ役には立たない。

「自分」対「世界」の間に問題があって、「世界」の方を変えることができない場合、それでも状況を変えようと思ったら、方法は一つしか残っていない。つまり「自分」を変えるしかない。

そして、幸か不幸か、「自分」は変えられるのだ。というか、自分に変えられるものは、実は自分以外、何もないのだけれども。

となると、あなたには二つの選択肢しかないことになる。

自分を変えるのは嫌だから、このまま「お手上げ」して、この嫌な状況の中に居続けることを選ぶか、それとも、一か八か、自分を変えてみるか。

前者の選択肢が「ネガティブ」で、後者の選択肢が「ポジティブ」である。さあ、あなたはネガティブな選択肢を選ぶだろうか、それともポジティブな選択肢を選ぶだろうか？

選択肢はこの二つ。そしてこの世にあるあらゆる自己啓発本は、それが「自助努力系」であれ、「引き寄せ系」であれ、一律に「後者を選べ！」と読者に呼びかけるものなのだ。その点ではどちらも一緒。「あなた自身を変えなさい。そうすればあなたの周囲が変わるから！」と。この考え方、すなわち**「自分自身（インサイド）を変えることで、世界（アウト）を変える」**という考え方は、自己啓発思想史の中では**「インサイド・アウト」**と呼ばれている。「人の一生は外部環境や運命によって左右されるものだ」という通常の考え方、すなわち「アウトサイド・イン」とは真逆の考え方である。

で、自助努力系であれ、引き寄せ系であれ、世に数多ある自己啓発本のすべてが異口同音に主張するこの「インサイド・アウト」という考え方が、私はものすごく好きなのだ。そして自己啓発本の研究を始めたことによって、この非常にシンプルでポジティブな世界観を知ったことが、自分にとって非常に大きなメリットであったと感じているのである。

なぜなら、それ以前の私はアウトサイド・インの考え方をし、自分と世界との軋轢の中で常に世界の方を変えようとして無駄な悪戦苦闘ばかりしていたから。自分に変えられるのは自分だけ、あとは自分を変える一歩を踏み出すかどうかの選択だ、ということに気づいてから、私の人生は非常に楽になり、かつ、多少なりとも精神的に成長したと思う。

だから私は、自助努力系と、引き寄せ系を問わず、自己啓発本ってスゴいと思っているのである。そして、それを読む価値はあると。

どうですか？　あなたもそう思いませんか？

もしあなたが、インサイド・アウトという考え方にちょっとでも魅力を感じるのなら、そしてポジティブに生きる選択をすることに躊躇《ためら》わないのであれば、自己啓発本の世界は、あなたの前に面白い光景を見せてくれるはずである。そのことは、既にこの道を十年ほど歩いてきた私が保証する。

大英図書館でのジェームズ・アレンの名声

数年前のこと、科学研究費補助金を得た私は、ロンドンに向かっていた。

自己啓発本の中心地はアメリカであるとはいえ、イギリスにも著名な自己啓発本ライターはいる。そこでイギリスにおける知の一大拠点、大英図書館に赴き、ひとつ、イギリスの自己啓発本ライターについて調べてやろうではないかと思ったのだ。無論、その際の一番のお目当てがジェームズ・アレンであったことは言うまでもない。そう、私が自己啓発本研究に着手するきっかけともなった、あの『「原因」と「結果」の法則』の著者である。

大英図書館（セント・パンクラスにある新館）は、日本の国会図書館同様、基本的に閉架式図書館である。まずはＩＤを発行してもらい、その上で閲覧したい図書を申し込むというシステム。ゆえに初めてここを訪れた私は、何はともあれＩＤ発行の手続きに取り掛かった。

で、私にとってビックリすることが起こったのは、この手続きでのことである。

ＩＤを発行する上で必要な手続きの一部なのか、私は図書館の受付担当者（女性）から、「あなたは何故、本館の利用を希望するのか？」という質問を受けた。

それに対し、私は待ってましたとばかり「いや実は、ジェームズ・アレンのことを調べておりまして……」と答えた。「あー、はいはい、アレンね！」というような反応を期待しつつ。

ところが大英図書館の図書館員の反応は、私の予期せぬものだったのである。彼女はこう言ったのだ――「誰ソレ？」。

え？ 誰ソレって、ジェームズ・アレンですよ！ イギリスを代表する自己啓発思想家の！ アメリカでも有名だし！ それどころか、日本のサラリーマンで『「原因」と「結果」の法則』を読んでない奴はモグリだと言われるんですよ！ 少なくとも、T山君はそう言ってたし！

しかし、いくら私が「ジェームズ・アレンは、自己啓発思想史の中で非常に重要な地位を占める有名な思想家である」という説明をしても、図書館員さんの記憶のベルを鳴らすことはできなかった。それどころか、彼女は通りがかりの同僚数名に「ねえ、ジェームズ・アレンって人、知ってる？」と尋ねてくれたのだが、その中の誰一人として彼の名前を知っている人はいなかったのである。

もちろん、だからといってIDカードを発行してもらえなかったというわけではなく、私は無事カードを手にし、大英図書館を使えるようにはなった。だが、結局そこで期待したほどの資料を発掘することはできなかった。ついでに言うと、その後私はロンドン大学の図書館にも行ってジェームズ・アレンに関する資料を探したのだが、やはりそこでも大した成果は上がらなかった。

イギリスの自己啓発思想家ジェームズ・アレンは、彼の祖国では無名だったのだ。

まあ、こういうことは、往々にしてある。たとえば、日本では大概の人が知っている『ファーブル昆虫記』、あれを書いたアンリ・ファーブルは、祖国フランスではまったく無名だ。また今でこそ「命のビザ」で知られる日本の外交官・杉原千畝《ちうね》の偉業も、長いこと祖国日本におけるよりむしろイスラエルのユダヤ人の間で有名であった。だから、ジェームズ・アレンが大英図書館で冷淡な扱いを受けていたとしても、数多くの同様な例の一つであって、特に意外なことではないのかもしれない。

だが、たとえそうであったとしても、ここで一つ言えるのは、ジェームズ・アレンのみならず、世の自己啓発本ライターに対して、知的上流階級の人たちは総じて冷淡だ、ということ。大英図書館でのエピソードに限らず、私自身が今まで経験した範囲で言っても、大学関係／学会関係の人で、自己啓発本なり自己啓発本ライターのことについてある程度詳しく知っている人に出会ったことがない。

結局のところ、自己啓発本というのは、少なくとも知的上流階級の人たちからは不当に下に見られがちな文学ジャンルなのである。そしてそれは不幸なこと——自己啓発本にとってではなく、知的上流階級の人たちにとって——実に不幸なことであると言わざるを得ない。

3 ポジティブであること

今日日《きょうび》、自己啓発思想といえば、即座に「ポジティブ・シンキング（肯定的思考）」という言葉が返ってくるほどに、自己啓発＝ポジティブというイメージが定着していると言っていい。

実際そうなのであって、自己啓発というのは、今、自分が置かれている状況に不満があり、そこから脱却したいと考え、そのための行動を自主的に起こすところから始まる。で、そうした一連の行動を取るには、当然、「自分には自分の状況を変えるだけの力がある」という信念が必要なのであって、その信念がすなわち「ポジティブ」ということなのだから、どうしたって自己啓発思想＝ポジティブ・シンキングということになる。「どうせ自分はダメなので、何をやったって変わるはずがない」というネガティブ・シンキングをしていたのでは、自己啓発的行動にはつながらない。

とはいえ、アメリカの自己啓発本出版史の中で「ポジティブ・シンキング」ということが取り立てて言挙げされ始めたのは、ようやく一九五二年になってから。この年、**『積極的考え方の力』**(*The Power of Positive Thinking*)という自己啓発本が出版され、これが五百万部の大ベストセラーとなったことで、「**自己啓発思想＝ポジティブ・シンキング**」という結びつきが決定的なものになったのである。

牧師によるポジティブ・シンキングの福音『積極的考え方の力』

そういうこともあって、『積極的考え方の力』という自己啓発本は自己啓発本出版史の中でも特筆すべき地位を得ているのだが、これを書いた**ノーマン・ヴィンセント・ピール**(Norman Vincent Peale, 1898–1993)は、実は牧師さんである。そう言うと「聖職者が現世利益の本なんか書いていいの?」と思われるかもしれないが、実際にこの本を読んでみると、やっぱりなんだかんだ言ってこれは信仰の本だな、という気がする。何となれば、この本の中では「祈り」が持つパワーが繰り返し強調されているから。

たとえば『積極的考え方の力』の第一章、すなわち「自分自身を信じる」と題された章において、自分に自信が持てないでいるビジネスマンへのアドバイスとしてピールが勧めているのは、一日三回「わたしを強めてくださる方(＝神)のお陰で、私にはすべてが可能です」と祈ること。で、ピールからそのようなアドバイスを受けたビジネスマンは、実際に日々、神に祈りを捧げてみたそうだが、そうしたら、その人はどこからともなくモリモリと自信が湧いてきて、その自信に引っ張られるように業績もぐんぐん上がっていった。だから読者の皆さんも、困りごとがあったら神に祈りなさい、そして神から力を得なさい、そうすれば間違いなくあなたの困りごとは解消し、あなたが望むような未来が訪れるから……とまあ、これがこの本を貫くピールの主張なのだ。

それから「祈り」に加えてもう一つピールが重視するのは、イメージの力。

たとえば、この本の第四章に、夫の浮気によって離婚の危機にあったある女性にまつわるエピソードが紹介されているのだが、その女性から相談を受けたピールが勧めたのが「イメージ戦略」。ピールはまず当該の女性に「神は美容院を経営しているのだから、まずは有能で魅力的な自分自身の姿を明確に思い描きなさい」と指示し、その上で、新婚当時の優しい夫の姿を思い浮かべ、彼の長所を改めて数え上げながら、たとえ彼が毎晩浮気相手の女性に会いに出かけていっても、彼のために心づくしの夕食を用意し、二人水入らずで夕食を楽しんでいるかのような一人芝居を演じ続けなさいと指導したという。

さて、そのアドバイスに従って当該の女性が一人芝居を続けたところ、どうなったか。

ある日、いつものように一人芝居を始めようとしたその女性は、思いもかけず、テーブルの向かいに座っている夫を発見した。それも彼女がずっと想像の中で思い描いた通りの優しい夫として。女性は自分の目を疑って、そこにいる夫を思わず二度見してしまったという。

このイメージ戦略について、ピールは「成功を想定する人はすでに成功しており、失敗を想定する人は失敗する」と述べているのだが、先程の祈りのパワーへの信頼とも合わせて考えると、ピールが人間の信念の力――つまりは「積極思考《ポジティブ・シンキング》」――をいかに重視していたか、ということがよく分かる。

そして世のあらゆる自己啓発本というのは「考え方は事実より重要である」ということを主張するものなのだから、ピールの『積極的考え方の力』が、信仰の本であると同時に、立派な自己啓発本であることは明らかなのだ。

テレビ宣教師シュラーの積極思考

さて、世紀の大ベストセラー『積極的考え方の力』をものしたばかりでなく、「自分は神のセールスマンである」と豪語してアメリカ中を講演し、積極思考の福音を説いて回ったノーマン・ピールの多大なる影響もあってか、二十世紀後半以降のアメリカの自己啓発思想界では、「とにかくポジティブであれ」という風潮が吹き荒れ、ピールに続くポジティブ思考の伝道師たちが次々と登場することになる。たとえば『**「宇宙の力」を使いこなす方法**』（*The Dynamic Laws of Prosperity*, 1962）を書いて「女性版ノーマン・ピール」と呼ばれた**キャサリン・ポンダー**（Catherine Ponder, 1927–）や、『**あなたはできる**』（*Your Best Life Now*, 2004）で知られる**ジョエル・オスティーン**（Joel Scott Osteen, 1963–）といった自己啓発本ライターは、ノーマン・ピール直系の牧師兼自己啓発本ライターにして積極思考の伝道師と言っていい。

牧師兼自己啓発本ライターといえば、もう一人、忘れてならないのが**ロバート・シュラー**（Robert Schuller, 1926–2015）という人。この人もノーマン・ピール直系の人だが、本人としてはそういう風に見なされるのを嫌ったのか、ノーマン・ピールが「ポジティブ・シンキング」という言葉を使うのに対し、シュラーは敢えて「ポッシビリティ・シンキング（Possibility Thinking）」という言い方を使っていた。

このわずかな言葉遣いの差によって「自分はピールの二番煎じじゃないぞ！」ということを言いたかったのであろう。

そのシュラーの主著は『**いかにして自分の夢を実現するか**』（*Success Is Never Ending, Failure Is Never Final*, 1990）という本なのだが、この本の中でシュラーは、ピール同様、積極思考がいかに大事かを繰り返し主張している。それもそのはず、何とシュラー自身が、まさにその積極思考を使って大成功を収めているのだ。

シュラーは若い頃から自分の教会を大きくしたいという野心をずっと抱いていたのだが、当時は彼も一介の貧しい牧師に過ぎなかったので、なかなか思うようには行かなかった。

ところが、ある日ふと、「ドライブスルーの銀行や、ドライブイン・シアターがあるのだから、「ドライブイン教会」というのがあってもいいのではないか？」と思いついた。で、実際にクルマに乗ったまま説教が聴けるドライブイン教会を作ってみたらこれが大ウケで、そのあたりから彼の夢が実現へ向けて動き出した……と、そんな自身の成功体験も含め、様々なエピソードを引用しながら、積極思考の大切さを説いていくのがシュラーの主著『いかにして自分の夢を実現するか』の趣向ということになる。

たとえばシュラーお得意のネタの一つは、「パナマ運河」にまつわるエピソード。この運河の建設は、かつてフランスが一度試みたことがあるのだけれども、あまりの難工事で断念。それをアメリカが引き継いだのだが、難工事であることは変わらず、当初、「不可能なのでは」と思われた。しかし水位を上下させる仕組みを導入することで、アメリカは最終的にこの難工事をやり遂げた。

つまり、このエピソードから得られる教訓は、**「何事も不可能だと思ったらおしまい」**ということ。どんな困難な状況に直面しても、そこで積極思考を発揮して、「いや、不可能を可能にする方法がどこかにあるはずだ」と思えば、そこから突破口が開ける。だから自分で「不可能」なんて決めつけちゃダメ。大きな問題も、小分けにすれば必ず解決法が見つかるものなのだ。

この本にはもう少し可愛らしいエピソードもある。

あるところに野球少年がいて、「僕は世界一の野球選手だ！」とつぶやきながら、自分でボールを投げ上げては、落ちてくるところを打つバッティングの練習をしていた。ところが、どうにも下手で空振りばかり。しかし、この少年は積極思考を手放さなかった。彼は三回トライして、三回とも空振りした後、こうつぶやいた。「三振！　僕ってなんてすごいピッチャーなんだ！」。シュラー師曰く、この幼い少年の考え方には大いに学ぶところがあるではないか、と。

こんな感じで、興味深い、あるいは微笑ましいエピソードを適宜繰り出しながら、ポジティブに、前向きに生きろ！　と繰り返し読者を励ます——それがシュラー師の「伝道」なのだ。

ちなみに、ロバート・シュラーはポジティブの説教師として成功を収めた結果、カリフォルニアに「クリスタル・カテドラル」と呼ばれるガラス壁を多用した巨大な教会を建て、そこを根城に毎週「パワーの時間」というテレビ説教を放送し、テレヴァンジェリストとしても名を揚げたというのだから、自己啓発本ライターとしての実績は満点である。

もっともシュラーの没後、師の教会は跡目争いで醜聞が続き、ご自慢のクリスタル・カテドラルも人手に渡ってしまったそうで、そういうのを聞いてしまうと、「積極思考者《つわもの》どもが夢の跡」という感じがしなくもないのだが……。

世紀のベストセラー『チーズはどこへ消えた?』

さて、右に述べてきたように、二十世紀後半のアメリカはそれこそ積極思考一色、ポジティブでなければ人にあらず的な風潮が蔓延し、自己啓発本の世界もポジティブな考え方で困難な状況を克服することを指南するタイプのものばかりになっていくのだが、そんな中、二十世紀を締めくくるような桁外れのベストセラーがアメリカに登場する。それが**スペンサー・ジョンソン**(Patrick Spencer Johnson, 1938–2017)の**『チーズはどこへ消えた?』**(*Who Moved My Cheese?*)という本。一九九八年に出版されると大評判となり、売り上げ部数も鰻登り。およそ二十年後の二〇一九年までに総計二千八百万部が売れたというのだから、もう化け物のような本であると言っていい。

では、その世紀の大ベストセラー、『チーズはどこへ消えた?』はどういう内容の本なのか。日本でもベストセラー&ロングセラーになっている本なので、既にお読みの方も多いかと思うが、一応、ここでそのあらすじをご紹介しておこう。

本作の登場人物は二匹のネズミ(スニッフとスカリー)と二人の小人(ヘムとホー)。で、ネズミチームと小人チームがそれぞれ、「チーズステーション」という名の迷路のどこかに隠されているチーズを探す、というところからストーリーが動き出す。

で、ネズミチームはお馬鹿なのだが、お馬鹿な分、戦略もシンプルで、迷路の中でチーズを探すとなれば、とにかく試行錯誤を繰り返しながらひたすら迷路を走り回って探す。無駄足も多く時間は掛かるものの、それでも結局は目的のチーズにたどり着くので、ネズミたちは幸せになる。

一方、小人チームも最初はシンプルに迷路を探し回り、その結果同じチーズを見つけて、ネズミチーム共々ハッピーになる。で、両チームともしばらくの間、戦利品をむさぼって満ち足りた日々を過ごす。

ところが、ある日、せっかく見つけたチーズが忽然と消えてしまうのだ。

この状況に対し、ネズミチームは何のためらいもなく、新たなチーズを探しに再び迷路を走り回る。彼らはとにかくオツムが単純なので、どのような状況に至っても悩まないのだ。

一方、小人チームの方は、やはりネズミチームより賢い分、もう少し逡巡することになる。

小人チームの二人は、まずチーズという既得権を失ったことに呆然とする。そして、嘆き悲しみ、ここで待っていれば、ひょっとして次の日には消えたチーズが戻ってくるのではないか？　と、はかない期待を抱いたりする。で、そうやってチーズを失った絶望を自分たち自身で増幅させてしまい、余計身動きが取れなくなってしまうのだ。

しかし、そんな無為な日々がしばらく続いた後、二人の小人のうち、ホーの方が「こんなことじゃ、いかんのじゃないか？」という自問自答をし始める。そして「ただ手をこまねいているより、八方塞がりの状況に見切りをつけ、新たな冒険に出た方がずっといい」ということに気づいた彼はヘムと別れ、単独で別のチーズを探すことを決意する。かくして希望を胸に探し続けたホーは、ついに新しいチーズにたどり着いたのでした。おしまい。

『チーズはどこに消えた？』は大体こんな感じのお話で、要するに「人生、うまくいかなくなったら、うまくいっていない状況にいつまでも固執するのではなく、積極的《ポジティブ》に行動して、新しい人生を切り開いていった方がよほど得だ」ということを言わんとする大人向けの寓話であると言っていい。もっとも「寓話」というにはどこにもひねりがないというか、作者の言わんとするところが見え見えで、自己啓発本としてはB級もB級。しかし、そのB級自己啓発本が二千八百万部も売れたというのだから、二十世紀末のアメリカの積極思考全盛の時代のニーズにはバッチリ合っていたのだろう。

ポジティブの国アメリカへの批判

ところが二十一世紀に入ると、さしものアメリカのポジティブ・シンキング・ブームにも陰りが見えるようになる。何でもかんでも積極的であれば乗り切れるというものではないのではないかという、考えてみれば当たり前の批判が、あちこちから出てくるのだ。そして、その急先鋒となったのが**バーバラ・エーレンライク**（Barbara Ehrenreich, 1941–2022）というジャーナリストで、この人は二〇〇九年に『**ポジティブ病の国、アメリカ**』（*Bright-Sided: How the Relentless Promotion of Positive Thinking Has Undermined America*）という本を出し、アメリカを覆うポジティブ志向の欺瞞を鋭く批判した。

エーレンライクが「この国（＝アメリカ）って、ちょっとおかしくない？」と気づいたきっかけは、彼女自身の乳がん体験だった。乳がんといういささか気の滅入る病気に罹患したエーレンライクは、同じく乳がんになった他の患者との連帯を求め、ＳＮＳ上の乳がん罹患者同士のコミュニティを覗いてみたのだが、そこで彼女が見たものは、同病相哀れむ女性たちによる慰め合い……ではなく、「乳がんに罹ったおかげで、人生の新しいフェーズが見えてきた！」とか、「乳がんは私の人生で最高の贈り物です！」といった、怒濤のポジティブ言説ばかりだったのである。この仮想空間の中では「ピンクリボン」は勲章みたいなもので、むしろ持ってない人の方が可哀想、なのだ。逆にSNS上で「私は乳がんになってしまってとっても悲しい」などと投稿しようものなら、炎上しまくって袋叩きにされてしまう。そして、そういう風にネガティブなことを言う人に対しては、手首に輪ゴムを巻いて、ネガティブな考えにふけっていると気づく度にその輪ゴムをパチンとはじいて反省するよう、強く促されたりするのである。

このようながん患者たちの在り様を見たエーレンライクは、愕然とする。これではまるで中世の修道士の修行、邪《よこしま》な思いが心をよぎる度に自らの身体を鞭打ったという修道士の修行ではないか？　いかにポジティブであることが素晴らしいとはいえ、これは少し行きすぎだ。かくして彼女は、身に降りかかる様々な悪運を、全部「自分のためになること」と無理やり解釈し、ポジティブに受け入れることを推奨するアメリカの社会風潮を「ポジティブ病」と診断する。『ポジティブ病の国、アメリカ』という本は、ポジティブ批判の書だったのだ。

「ポジティブ＝個人の結果責任」への転化

ポジティブでありさえすれば、どのような困難が降りかかってきても克服できるとするアメリカ社会の風潮は、バーバラ・エーレンライクによって「その考え方、病気だよ！」と言われてしまったわけだが、これはまさに頂門の一針で、『ポジティブ病の国、アメリカ』の出版以後、アメリカ社会に蔓延していたポジティブ万能主義の風潮を批判的に見ることが一種の流行になっていく。またそれと同時に、そういう風潮を助長してきた自己啓発本に対する批判も強まっていくのである。

そして、そうした批判を特に強く受けたのが、先程ご紹介したスペンサー・ジョンソンの『チーズはどこへ消えた？』であった。

先にこの本が世界で二千八百万部のベストセラーになったと書いたが、なぜこれほど売れたかと言うと、大企業がこの本を大量に仕入れたから。二〇〇〇年代に入ってアメリカ経済のバブルが弾け、社員の解雇に踏み切らなければならなくなった時に、会社は首を切る社員にこの本を餞別として手渡したのである。「この会社の中にはもうチーズはないのだから、いつまでもここにしがみついていないで、さっさと他の会社に移ってそこで新たなチーズを探してくれ」というわけだ。

ポジティブさを推奨してやまない『チーズはどこへ消えた？』という本は、実際にはこういう風に使われていたのである。そしてそのことは、ポジティブ・シンキングというものが、ともすれば、あらゆる災厄を個人の責任に帰す身勝手な論理へと転化させられてしまう危険性を秘めたものであることの証左でもあった。二〇〇二年に『**私のチーズを盗んだのは誰だ?!!**』（*Who Stole My Cheese?!!*）というパロディ本が、また二〇一一年には『**チーズは探すな！**』（*I Moved Your Cheese*）という反論本が出たのは、必ずしも空前のベストセラーにあやかって二匹目、三匹目のドジョウを狙ったというわけではなかったのだ。そうではなくて、むしろ『チーズはどこへ消えた？』という本に内在する危険性を白日の下に晒すためだったのである。

それでも人は、楽天的な方がいい？

しかし、ならば「ポジティブ・シンキング」は、もはや完全に自己啓発本の世界から追放され、お役御免になったのかというと……実はそうとも言い切れないところがある。今は逆風の中にあるとはいえ、それでもやっぱり人は楽天的な方がいい、という主張も根強く残っていて、その主張にはそう簡単に否定できないところがあるのだ。

ということで、ポジティブである方がいいのか、それとも悪いのか、その辺を読者の皆さんそれぞれに判断していただくために、本章の最後に**シェリー・E・テイラー**（Shelley E. Taylor, 1946–）という心理学者が書いた、そのものズバリ、『**それでも人は、楽天的な方がいい**』（*Positive Illusions*, 1989）というタイトルの本をご紹介しておこう。

この本は自己啓発本というよりも、むしろ大真面目な心理学の本なのだが、その基本的なテーマとなる問いは割とシンプルで、「『健康な心』とは何か？」というもの。

従来の心理学の見方によると、健康な心というのは、要するに、現実を正しく、客観的に、しっかり把握している心のことであった。たとえば実際には泳げないのに「自分は泳ぎが得意だ」という認識を持っている人がいたとしたら、その人は水に飛び込んで溺れてしまう。泳げないのだったら、「自分は泳げない」という現実をしっかり把握する――これが「健康な心」というものであろうと。

ところが、その後、「健康な心＝現実の客観的な把握」という考え方に対して、疑念が差し挟まれるようになる。必ずしも、そうではないのではないかと。

どういうことかと言うと、「健康な人間の思考には、どうやらイリュージョン（＝幻想）があるらしい」ということが分かってきたのだ。またそのイリュージョンには一定の方向性があって、実は人間というのは、客観的にものを見ているのではなく、一様に、ポジティブな方向に振れた見方をしているということも分かってきた。とりわけ、自分のことについて、現実にそうである以上にポジティブな認識をしていると。

たとえば、大抵の健全な子供は、「自分はクラスの中でヒーロー的な存在である」と思っているものである。他の子供と比べて自分の方が何らかの点で優れているし、周囲にもそう認められているという風に認識しているのだ。実際にはそうでなくても、本人としてはそう思っている。

また人がサイコロを振る時、意識的にであれ、無意識的にであれ、念を込めるのが普通だ。「1出ろ！」とか「3出ろ！」とか、そんなことを念じながらサイコロを振る。現実には、サイコロの目というのは偶然に左右されるのだから、そんなことを念じたって意味はないのだが、それでも人はそうは思わない。念を込めれば、自分でその偶然性をコントロールできると信じるのが普通なのだ。

これらの例からも明らかなように、健全な人間というのは、まず自分自身に満足しており、かつ、自分の身の周りで起こる出来事に対してそれをコントロールする能力が自分にはある、という過剰な自信を抱いているのであって、そういうポジティブなイリュージョンを抱いている人こそが健康な心の持ち主である——これが、現在の心理学の「健康な心」観なのだ。

ではなぜ、こういうイリュージョンを持っていることをもって「健康な心の持ち主」と見なすかと言えば、自分自身に満足している人間は、他人に対しても寛容だから。これは**カール・ロジャーズ**（Carl Rogers, 1902–87）というアメリカの臨床心理学者が唱えていることなのだが、ロジャーズによれば、「自分には価値がある」と思っている人間は、「他人にも価値がある」と見なす傾向が強いという。自分を肯定的に捉える心の動きは、自己中心的になるのではなく、その逆に、他人に対する思いやりを育てるのだ。

また自分を高く評価している人間は、難しい問題にも積極的に、かつ長い時間、取り組むことができる。そうすると、当然、成果も出るのであって、イリュージョンを持っている人は、持っていない人に比べて、社会的な成功者になる確率が高くなる。

さらに、健全なイリュージョンを持っている人は、自分のコントロール能力に自信があるので、自ずと自分をコントロールする（律する）傾向も強くなる。「こういう人間になりたい」という強い意志を持って、その意志を押し通す力があるわけだ。無論、そのことが人間的な成長につながることは言うまでもない。しかも、この種の好意的な自己認識、自己のコントロール能力への信念は、その人の身体的な健康をも高めることにもつながっている。簡単に言えば、人間が生きていく上で非常に重要なことがらは、実は、自分に対するポジティブなイリュージョンによってもたらされているところが大きいのだ。

とまあ、ポジティブなイリュージョンを持つ人間というのは、概してとってもハッピーなのだが、ポジティブであることのメリットはまだまだある。たとえば「ポジティブな人は逆境に強い」ということもその一つ。

健全なイリュージョン保持者でも、偶然、不幸に遭うことはある。たとえば、思いもよらずがんになるとか。しかし、そんな時ですらイリュージョンは発揮される。どう発揮されるかというと、ポジティブな人は「もっと悪いことが降りかかったかもしれないのに、この程度で済んだ自分はラッキーだ」と考えるのである。「がんはがんでも、自分は初期の段階で見つけられた。ステージ4で見つかった誰かさんと比べれば、自分は超ラッキーだ」と考える。

だから健全な心の持ち主には、「最悪」という事態は存在しない。たとえステージ4のがんで余命いくばくもない、という最悪の事態になっても、本人にとっては、それは最悪ではない。「自分はもう七十年生きたからいい。隣のベッドの娘さんは、若いのにステージ4なんだから自分よりもっと可哀想だ」と、そう考える。常に「もっとひどい状態」があるのだから、健全な心の持ち主に「最悪」という状況などあり得ないのである。

逆に、健全な人間が何かの拍子にイリュージョンを失ったとすると、それは「うつ」状態に入ったことを意味する。だから、イリュージョンというのは、健全な人間にとって、すごく大事なものなのである。

というわけで、普段はあまり意識されていないけれども、実は「自分についてのポジティブなイリュージョン」が、いかに人間を幸福にしているか、それがないといかに人間は不幸になってしまうか、ということはハッキリしているのだ。その意味で、「それでも人は、楽天的な方がいい」と言っていい。

だから、バーバラ・エーレンライクのポジティブ批判を真に受けて、「ポジティブであることを推奨する自己啓発本なんてろくなもんじゃない！」とまでは、決して、言えないのである。

結論的に言うと、「行きすぎた『ポジティブ礼賛』は問題があるけれども、それでもポジティブな姿勢を堅持することには多くのメリットがある」ということになる。そう言うと、何だか平凡な結論になってしまうようだけれども。

ただ、自分の勤めている会社が『チーズはどこへ消えた？』を大量に発注し始めたら要注意！　そうなった暁にはさりげなく上司の顔色を窺っておいた方がいいということだけは言っておこう。

薬でポジティブになれる？ 抗うつ薬「プロザック」の功罪

一九八七年の年末、画期的な抗うつ剤として「プロザック」が認可され、その発売が開始された。

軽症・中等症のうつ病患者に対する効果は抜群、その上副作用も少なかったため発売直後から評判を呼んだこのクスリ、まず使い始めたのはハリウッドのスターたちだった。が、その噂はすぐに広まり、アメリカ中の一般大衆が我も我もとこれを求めたため、このクスリ自体がスターとなるのにさほど時間はかからなかった。マスコミは「新世代の抗うつ剤」とか「奇跡のクスリ」「カプセルに入った革命」などと持て囃し、『ニューズウィーク』や『ニューヨーカー』などの有名誌が競ってこのクスリを表紙に載せた。強烈なセックス・アピールを持った女性のことを「イット・ガール（it girl）」と呼ぶが、プロザックは間違いなく九〇年代の「イット・ドラッグ（it drug）」であった。

否、それ以上だったかもしれない。かつて一九五〇年代にはマイホームやマイカーなど、大型消費財を手に入れることがアメリカの一般大衆の夢であり誇りであったが、二十世紀最後の十年が始まった時、この緑と白の小さなツートーン・カプセルがそれらに取って代わった。何となれば、前の晩にこのカプセルを口に放り込んでおくだけで、翌朝、幸福感を抱きながら目覚めることができるのだから。

二十世紀後半のストレス社会の中、不安や不満に押しつぶされそうになっていたアメリカ人にとって、いい気分で目覚めること以上の贅沢はなかった。それどころか、このクスリを飲むとやる気がモリモリ湧いてきて、仕事にプライベートに、いくらでも精力を注ぎ込めるような気さえしてくる。プロザックは、単に人生のマイナスをゼロに戻したのではなく、プラスに転じたのだ。プロザックは、いわば二十世紀最高の「自己啓発薬」だったのである。

だが、アメリカ中で高まる「プロザック賛」の大合唱の只中で、渋い顔をした一群の人々がいた。臨床心理学のセラピストたちである。

始祖ジグムント・フロイトの時代から、フロイト系心理学者たちの仕事の一つは、うつを抱えた患者たちの治療であった。患者たちはそれぞれ週一ペースで心理学者のもとを訪れ、豪華なソファに横になり、枕頭に坐した心理学者に悩みを聞いてもらったりアドバイスを受けたりするわけだが、うつ症状が完治するまでには何年も掛かるのが当たり前で、治療費は相当な額に上る。しかし、定期的にセラピストの治療を受けられるということ自体、アメリカにおいて上流階級に属している証であるとなれば、そこは我慢のしどころだ。もちろんセラピストの側から言えば、お金は儲かるし、人々をうつから解放する一助になるわけだから、やりがいもある。セラピスト・患者双方にとってウィンウィンである。

ところが、そこにプロザックが登場してきた。いくら上流階級の証とはいえ、時間もお金もかかるセラピーより、医者が処方するカプセルをポンと口に放り込んだ方が楽。しかもその効き目たるや、クスリを飲んだその日から体感できるというのだから、セラピーの予約などキャンセルして吉。

しかし、そうなってくると、困ったのはプロザックに仕事を奪われた心理学者たちである。

プロザックが登場するまで、心理学の最大のテーマは「不幸の研究」であった。要するに、「なぜ人は不幸になるのか」を解明するのが、心理学に託された最重要課題だった。が、今や人間の不幸についてはプロザックに任せておけばいいということになった以上、臨床セラピストはお役御免。心理学としても、「不幸の研究」以外の研究テーマを探す必要に迫られたわけだ。

で、この時出てきたのが、「幸福の研究」だったのである。

「不幸の研究」から「幸福の研究」へ。この一大方向転換の象徴となったのが、ペンシルバニア大学心理学教授**マーティン・セリグマン**（Martin E. P. Seligman, 1942– ）のアメリカ心理学会会長就任だった。一九九八年のことである。

セリグマンがアメリカの心理学会でその名が知られるようになったのは一九七〇年代のこと。彼はある条件下で犬に電気ショックを与え、その反応を見る実験をしていたのだが、いかなる回避行動をとっても電気ショックを与えるように条件設定すると、それを知った犬は絶望して無気力になることを発見した。当時、人間以外の動物が絶望したり無気力になるなどということはあり得ないと思われていたので、セリグマンの発見はちょっとしたセンセーションであった。

だが、重要なのはその先だ。セリグマンがこの絶望した犬に再教育を施したところ、なんとこの犬は再び希望を持つようになり、無気力から脱したのだ。そう、犬ですら絶望や無気力を克服することができたのである。

ならば人間は？　犬ですら幸せになることを再学習できるのであれば、人間ならなおのこと、後天的にハッピーになれるのではないか？　セリグマンがそれまでの不幸の研究を放棄し、幸福の研究へと方向転換したのには、このような背景があった。

そしてそのセリグマンが一九九八年にアメリカ心理学会の会長に推挙された時、彼はその就任演説において、「今後、アメリカの心理学の趨勢は、幸福の研究へと向かうであろう」と宣言した。プロザックに仕事を奪われたアメリカの心理学界は、このようにして幸福の研究へと舵を切ったのだった。

そして人間が幸福になるために何よりも重要なカギはポジティブさにあったことから、この後、アメリカ社会はポジティブ社会へと突入していくことになる。本章で取り上げた『チーズはどこへ消えた?』が一九九八年に出版されているのは、だから決して偶然ではない。

だが、どうだろう。このことはアメリカにとって、果たして良いことばかりだったのだろうか?

本章でも述べた通り、ポジティブ社会となったアメリカは、ポジティブ病社会でもある。なんであれポジティブであればうまく行くという発想は、人々に無理矢理ポジティブな態度を強いることになり、その結果、これまでとは別種の病理を生み出していることは、本章の中で述べた通り。

画期的な抗うつ剤プロザックがアメリカ社会にもたらしたものは、果たして「功」だったのか「罪」だったのか。その答えはまだ出ていない。

4

「お金持ちになろう！」アメリカの成功哲学

自己啓発本というのは、それを読んだ読者を啓発し、その人のライフスタイルを激変させ、結果としてその人の生活水準を上げるために書かれるものであるわけだが、その生活水準アップの指標の一つとして、「金持ちになる」ということがある。今、手元不如意で悩んでいる人が、何らかの正当な手段で金持ちになったとしたら、それはめでたいことに違いないし、裕福になった当該の人は、おそらく、幸福になることであろう。だとすれば、金持ちになることを指南する自己啓発本があるのも当たり前で、実際、**「いかにして金持ちになるか」**は、伝統的に自己啓発本が扱うべきテーマの一つとなってきた。

青い鳥は身近なところに──『ダイヤモンドを探せ』の蓄財学

たとえば**ラッセル・コンウェル**（Russell Conwell, 1843–1925）という人の書いた**『ダイヤモンドを探せ』**（*Acres of Diamonds*, 1890）という本がある。これは自己啓発思想の本場アメリカで出版された数多くの自己啓発本の中でも初期の例の一つだが、この本のテーマはずばり、いかにして金持ちになるか、だ。そしてコンウェルの説く「金持ちになるための秘訣」は、実際、ユニークなものだった。

コンウェルによれば、「金持ちになるチャンスはどこにでも転がっている」という。金持ちになるのは実に簡単なことであって、ただ人々のニーズがどこにあるかを探すだけでいいのだと。しかし、大抵の人はそういう風には考えないし、行動もしない。だから金持ちにはなれない。

では、普通の人はどういう風に考え、どういう行動をとるのか。

これは『ダイヤモンドを探せ』に書いてある例なのだが、とある雑貨屋に客が来て、「ジャックナイフは置いてあるか？」と尋ねたことがあった。ところが店には置いてなかったので、店主が「ありません」と答えると客は帰っていった。しばらくするとまた別な客が来て「ジャックナイフはあるか？」と聞くので、この時も否と答えて帰してしまった。三度目に客にジャックナイフのことを聞かれた時、その店主は呆れて、「置いてないよ。やけにみんなジャックナイフばかり欲しがるんだね。近所のみんなに配れるほどのジャックナイフがうちにあると思っているの？」と答えた。

コンウェル曰く、普通の人の店の経営の仕方は大体こういうものだと。つまり目の前のチャンスに飛びつくだけの熱心さが足りない。もし最初の客がジャックナイフのことを問い合わせた段階ですぐにジャックナイフを仕入れていたら、二番目の客と三番目の客にはそれを売れたはずなのだ。確かに、コンウェルの言うように、こんな調子でチャンスを逃し続けていたら、誰であれ、またどんな商売であれ、成功できるはずはない。

しかしそのことはまた、目の前にいくらでも転がっているチャンスに気づきさえすれば、誰でも金持ちになれるということでもある。コンウェルはこの本の中に成功例もたくさん挙げている。たとえば、こんな例。

マサチューセッツ州のヒンガムという町に、失業中の男がいた。奥さんから「家でゴロゴロしているくらいなら、外へ出て仕事を探していらっしゃい」と言われたが、そう簡単に職は見つからない。暇を持て余した彼は海辺に行き、流木をナイフで削って首飾りを作り、家に持ち帰って小さな娘たちに見せたところ、取り合いになってしまった。彼は「明日、もう一つ作ってくる」と彼女らに約束した。

次の日、男がまた海辺で木を削っていると、通りがかりの近所の人が「木でおもちゃを作って売ればいいじゃないか、金になるよ」と声をかけてきたので、「何を作ればいいか分からない」と答えると、「子供に聞いてみればいい」と言う。

男が家に帰って娘たちに尋ねてみると、人形のベッド、人形の風呂、人形の乗り物、人形の傘等々、際限なく並べ立てる。実際、彼が暖炉用の薪を使ってそういうものを作ってみせると、娘たちは大喜び。そこで男は、近所の人に言われたように、自作の木の玩具を売り出したところ、これがままごと遊び用の木製玩具として世に名高い「ヒンガムのおもちゃ」の原型となって、失業者だった男は大金持ちになった。

なるほど、確かに金持ちになるチャンスは、目の前にあったのだ。

この他、『ダイヤモンドを探せ』の中には、鉛筆のお尻に消しゴムをくっつけるアイディア一つで巨万の富を築いた人の話や、ボタンより簡単に服の着脱を可能にする「スナップ」を発明して財を成した女性発明家の話など、ちょっとした思いつきから巨万の富を稼いだ人の話が満載である。またそういう本であるから、およそ起業家には程遠い私のような人間ですら、読んでいて何だかワクワクしてくる。まだ気づいていないだけで、金持ちになるチャンスは、私の身の周りにも転がっているのはないか⁉　このワクワク感こそ、優れた自己啓発本の証。『ダイヤモンドを探せ』が時代を超えて読み継がれているのも、至極当然と言えるだろう。

「金持ち指南」の自己啓発本

さて、十九世紀末にラッセル・コンウェルの『ダイヤモンドを探せ』が大ベストセラーになって以来、アメリカでは「金持ち指南」の自己啓発本が引きも切らず出版され続けた。

たとえば二十世紀後半、一九六八年に出版されてこれまた大ベストセラーになった『**世界最強の商人**』（*The Greatest Salesman in the World*）も、この種の「金持ち指南本」の系統に連なる本の一つ。人気自己啓発本ライターである**オグ・マンディーノ**（Og Madino, 1923–96）の代表作であり、日本でもよく売れている本なので、ひょっとしたら既に読まれた方も多いかもしれない。

さて、その『世界最強の商人』だが、この本、自己啓発本にしてはちょっと変わったところがある。小説の体裁を取っているのだ。そう、オグ・マンディーノは、自己啓発思想を小説の形で打ち出す人、すなわち「自己啓発小説家」なのである。

とは言え、自己啓発思想を小説によって伝えるというのは、決してオグ・マンディーノの専売特許ではない。今から百年ほど前、一九二六年に**ジョージ・S・クレイソン**（George Samuel Clason, 1874–1957）という人が出した大ベストセラーで、今日の日本でも多くの人に読み継がれている『**バビロンの大富豪**』（*The Richest Man in Babylon: The Success Secrets of the Ancients*）という本も小説仕立ての自己啓発本だし、**パウロ・コエーリョ**（Paulo Coelho, 1947– ）という人が一九八八年に書いた『**アルケミスト**』（*O Alquimista*）もそう。日本の最近の例でいえば、先に名前を挙げた**水野敬也**さんの『**夢をかなえるゾウ**』（二〇〇七）もそうだ。そういう意味では、小説仕立ての自己啓発本というのは、それ自体が一つのジャンルになっていると言っていい。

どうしてそういうことになるかというと、結局、自己啓発思想が伝えようとしているメッセージは、ごくごくシンプルなものだから。なので、それをノンフィクションとして書いてしまうと、同じことの繰り返しになって飽きられてしまう。ところがそれを小説仕立てにすると、たとえ伝えるべきメッセージは同じだったとしても、そのメッセージを託すフィクション（＝物語）の方の筋書きを変えさえすれば何度でも繰り返すことができる。そこに大きなメリットがあるのだ。

『世界最強の商人』に見る自己啓発小説の決まり事

とはいえ、自己啓発小説にも一定の傾向というか、決まり事のようなものがあるにはある。それは「時代設定を大昔のことにする」か、あるいは「遠い異世界で起こった荒唐無稽な夢物語にする」というもの。逆にいうと、時代設定を「現在」に据えた「リアリティのある」自己啓発小説というのは少ない、ということでもある。まあ、大昔の話、それもアフリカとか中近東とか、西洋社会から遠く離れた場所での話という風にすると、その舞台設定が醸し出すエキゾチックな感じが、自己啓発思想の持つ一種の「秘教性」を強調するのに役立つということがあるのだろう。

で、オグ・マンディーノの『世界最強の商人』だが、その時代設定は今からちょうど二千年前のダマスカス。この段階で既に「大昔の異世界」という、自己啓発小説ならではの条件を二つともクリアしていることが分かる。

ではその「大昔の異世界」で何が起こったのか。以下『世界最強の商人』のあらすじを述べていこう。

ダマスカスにハフィッドという「世界最強の商人」が住んでいた。彼は既に年老い、自分の資産を部下たちに分け、事実上引退生活をしている。しかし彼には一つだけ、やり遂げなければならない使命が残っていた。その使命とは、「世界最強の商人」の称号を受け継ぐ後継者を探すこと。

ここで場面は過去に遡るのだが、ハフィッドは若い頃、パトロスという名の「世界最強の商人」のラクダの世話係であった。しかしハフィッドは野心満々、ラクダの世話係などという地位に満足せず、自身、パトロスのような大物になりたかった。と言うのも、当時彼はリーシャという名家の娘に恋していて、彼女と結婚するためにも是非、金持ちになる必要があったから。

一方、パトロスはそんなハフィッドの野心を伝え聞き、ひとつ、この若者を試してみようと考えた。そこで彼は自分が扱う最高級のローブ（外衣）をハフィッドに渡し、もしこのローブを売ることができたら、さらに大きな仕事を与えようと約束する。

チャンスを得たハフィッドはやる気満々、意気揚々とそのローブを持って、一人、市場に乗り込む。だが、いかんせん、既に盛名を馳せているパトロスの行商隊の一員としてモノを売るのと異なり、まったく無名の青二才のハフィッドがいくらローブを売ろうとしても、人々はまったく相手にしてくれない。結局ハフィッドは、その日一日奮闘したものの、ローブを売ることはできずに終わってしまった。自信を失い、絶望した彼は、それでもまた明日頑張ろうと、さる洞窟で野宿をすることにする。

ハフィッドを驚かせたのは、その洞窟に先客が居たことだった。若い夫婦が生まれたばかりの赤ん坊を抱いていたのだ。しかも寒さを防ぐ手だてが無かったため、若い母親は自分の着ている外套を脱いで赤ん坊をくるみ、自分は震えていた。

その光景を見たハフィッドはたまらなくなり、パトロスの商標のついた最高級ローブをこの貧しい夫婦にタダで渡してしまう。

かくしてハフィッドは、ローブの一枚も売ることができず、それどころかその貴重な商品を見知らぬ夫婦にあげてしまって、敗残者のようにパトロスのもとに戻ることになる。

ところが、打ちひしがれて戻ったハフィッドを、パトロスは驚異のまなざしで迎える。というのは、夜だというのに、燦然と輝く星がハフィッドを追いかけるようについてきて、昼のように明るかったから。実は、ハフィッドがパトロスのローブをタダで渡したのはかの聖家族、すなわちマリアとその夫ヨゼフ、それに生まれたばかりのイエス・キリストだったのだ。そしてハフィッドから事の次第を聞いたパトロスは、ハフィッドが商品のローブをこの上なく有効に使ったのだと知り、彼こそは後継者と定めて、ある宝を引き継がせることにする。その宝とは十巻の巻物であり、パトロス自身、その昔、この巻物に書いてあることを実行して「世界最強の商人」の地位を手に入れたのだった。

では、その十巻の巻物には何が書いてあったのか。これを手にした人間がことごとく「世界最強の商人」になるという、その秘教とは何なのか。無論、この巻物の内容こそが、自己啓発小説『世界最強の商人』のキモの部分、すなわち、自己啓発的メッセージであることは言うまでもない。

ということで、その巻物の内容を順に説明していくと、第一巻（これが一番重要とされる）は「**私は今日から、新しい人生を始める**」というもの。古い自己を捨て、新しい自己に生まれ変わるための宣言をしろ、ということ。良い習慣を身につけ、その習慣の奴隷となれ、そうすれば、その習慣が顕在意識を通じて潜在意識にまで到達し、知らず知らずのうちに自分自身を良い方向に向けてくれるだろうと。

第二巻は「**私は今日という日を心からの愛をもって迎えよう**」というもの。愛をもって一日をスタートさせれば、いいことがあるよと。

第三巻は「**私は成功するまでがんばりぬく**」というもの。失敗することは多々あるけれど、それに見合う成功が必ずあるのだから、その成功を手に入れるまで頑張れよと。

第四巻は「**私はこの大自然最大の奇蹟だ**」という認識を持てというもの。自分はかつてこの世に生まれた、あるいはこれからこの世に生まれる誰とも異なるユニークな存在なのだから、そのユニークさを武器にしろと。

第五巻は「**私は今日が人生の最後の日だと思って生きよう**」というもの。人生には無駄にする時間なんかないよと。

第六巻は「**今日、私は自分の感情の主人になる**」というもの。感情をコントロールし、元気がなければ元気を出し、調子に乗り出したら謙虚さを取り戻し、というように、常に自分の感情を自分で操縦しろと。

第七巻は「**私は世間を笑おう**」というもの。生きていれば毀誉褒貶《きよほうへん》色々あるけれども、そういうことに一喜一憂するのはやめた方がいい。笑うことさえできれば、人生に負けることはないのだから。

第八巻は「**今日、私は自分の価値を100倍にする**」というもの。人生の目標を明確に定め、それに向かって常に向上していこうと。

第九巻は「**私は今、行動する**」というもの。頭で分かっていたとしても、実際に行動に移さなかったら意味がない。だから、今、動き出そうと。

第十巻は「**成功を求めて祈ろう**」。祈るといっても、ただ金持ちになれますようにと祈るのではダメ。自分の目標に到達できるよう、それに向かって頑張れるよう、力を与えて下さいと祈れと。

とまあ、これが十巻の巻物の内容なのだが、ハフィッドはパトロスから引き継いだこの巻物が伝える教えをすべて実行し、その結果実際に成功して、「世界最強の商人」になっていたのである。

さて、再び場面は戻り、後継者探しをしていたハフィッドの元に、ある日、ぼろをまとった旅人が訪れる。パウロと名乗るその男、もとは公職に就いていて、イエス・キリストを神の子と認めたステファノという人物の処刑に立ち会ったこともあったという。

ところがその後、イエスがパウロの夢に立ち、「真実を告げよ」と迫った。天啓に打たれたパウロは、これまでの立場、すなわちイエス・キリストを捕まえ、詐欺師として断罪する側の立場とは逆に、「神の子」としてのイエスの言葉を伝える使徒となる。

しかし、実際にパウロがイエスのことを伝えようとしても、誰も彼の言葉を信じてくれない。パウロが困っていると、再びイエスが顕現して、「自分のことを世界に伝えるノウハウを学ぶために、「世界最強の商人」と呼ばれる人物のもとへ行け」と命令する。パウロがハフィッドの元を訪れたことには、そういう背景があったのだ。

事情を知ったハフィッドはパウロに、イエスという男がどんな人だったかを詳しく伝えてくれと頼み、パウロがイエスのことをあれこれ語るのだが、それによると十字架で処刑されたイエスの数少ない持ち物の中に、イエスの血のついたローブがあった。そしてそのローブにはパトロスの商標が！　そう、かつて若かりし頃のハフィッドが、パトロスから託されたローブをタダで渡してしまった、あの時の生まれたばかりの赤ん坊こそがイエス・キリストであったことを、この時ハフィッドはようやく悟ることになる。

かくしてハフィッドは、目の前にいるパウロこそ、自分の次に「世界最強の商人」となるべき人物であると見抜き、彼に巻物全巻を渡す。そしてそのことによってハフィッドの生涯の仕事がすべて終わったのだった。めでたし、めでたし。

というお話……。

アメリカ流現実主義「セールスマンになれ！」

さて、オグ・マンディーノの自己啓発小説『世界最強の商人』の内容をざっとご紹介してきたわけだが、小説の筋書きを除き、この本の自己啓発的メッセージの部分だけを改めて取り出すと、

---

1. 私は今日から、新しい人生を始める
2. 私は今日という日を心からの愛をもって迎えよう
3. 私は成功するまでがんばりぬく
4. 私はこの大自然最大の奇蹟だ
5. 私は今日が人生の最後の日だと思って生きよう
6. 今日、私は自分の感情の主人になる
7. 私は世間を笑おう
8. 今日、私は自分の価値を100倍にする

---

9. 私は今、行動する
10. 成功を求めて祈ろう

ということになる。これだけ見ると割と普通というか、よくある自己啓発本のクリシェをあちこちから集めてきただけであって、この小説、決して面白くなくはないのだが、金持ちになることを指南する自己啓発本としてはごく普通の出来、というような総合評価になりそうである。

では、なぜ、私はわざわざこの本を選んで、ここで紹介したのか。

実は、この本を読んでいて、一つ思ったことがあるのだ。

それは何かと言うと、「アメリカ人にとって「セールス」って一体、何なのだろう?」ということ。『世界最強の商人』の主題は、「商人」である。つまり「セールスマン」。

アメリカの自己啓発本を読み漁っていると、セールスの話がやたらに出てくることに気づく。言い方を変えると、アメリカ生まれの自己啓発本の大半は、ある意味、セールスマン向けに書かれているのである。

つまり、大金持ちになる前提が、セールスマンになることっていう……。

果たして我々日本人にそういう発想はあるだろうか? 「何、大金持ちになりたい? よし、それならセールスマンになれ!」と思うだろうか? 私はそんな風には思わないし、おそらく普通の日本人だったらそうは思わないだろう。

しかし、アメリカの自己啓発本はそうなのである。金持ちになりたいならセールスマンになれ、そして商品を売りまくれと。

　なんでそうなるんだろう、と私は考えた。そしてその結果、やはりここにアメリカならではの現実主義《プラグマティズム》があるのではないかという結論に至ったのである。

　たとえば発明王エジソンのように色々なものを発明するとか、ビル・ゲイツのようにパソコンおたくとして成功するとか、野球やフットボールやバスケの選手として活躍するとか、はたまた芸能界でスターになるなどすれば、成功者として金持ちになれるに違いない。が、そうなるためには特殊な、そして傑出した才能が必要になってくる。

　では、そうした才能のない、ごく普通の人が金持ちになるにはどうすればいいのか？　という話になった時に、「商品を売るしかないでしょ。セールスマンなら、なろうと思えば誰でもなれるんだから」という現実主義的《プラグマティック》な発想が、アメリカという国において生まれてきたのではないかと。換言すれば、「無一物から金持ちへ」というアメリカン・ドリームを実現する上で、一番公平な道が「セールスマンになること」だったのではないか。

　またそうであるとするならば、それは現実主義的であると同時に、民主主義的《デモクラティック》でもある。金持ちになる道は、誰にも開かれているという意味で。

　金持ちになるにもデモクラシーが必要な国、それがアメリカなのである。

　もっとも、いくら民主主義的とは言っても、セールスマンになれば、誰でも金持ちになれるとは限らない。金持ちになるには、「良いセールスマン」になって、他の凡百のセールスマン仲間から頭一つ抜け出すことが必要。で、頭一つ抜け出すには、当然、何らかの「心掛け」が必要になってくる。

ではその「心掛け」はどこで学べばいいのか？　という話になった時に初めて、自己啓発本というものに対する需要が生じてきたのではないか。

アメリカの「金儲け系自己啓発本」の多くがセールスマンを対象にしていることには、ざっとこういう背景があるのではないかと、私自身は考えているのである。

この世のすべては「売り物」である

そのように考えた時、ここでさらに重要なのは、良いセールスマンになるための心掛けは、その他のいかなるビジネスにも応用できるということ。

なぜなら、つまるところ、この世のすべては「売り物」だから。

いい医者として成功したいなら、自分がいい医者であることを売り込む必要がある。自分が才能あるアーティストであるなら、そのことを誰かに売り込まなくてはならない。政治家として成功したいのなら、自分の優れた政見を選挙民に売り込まなくては始まらない。イエス・キリストの教えだって、それが良いものであるならば、人々に売り込まなくてはならない。だからこそオグ・マンディーノの『世界最強の商人』では、使徒パウロまでも「世界最強のセールスマン」に仕立てる必要があったのではないか？

この世のすべては売り物。だから、良きセールスマンになるためのコツは、あらゆるジャンルのビジネスに応用可能である――これがアメリカの自己啓発本、とりわけ金儲け系自己啓発本の基本概念なのではないか、というのが、現時点での私の見立てなのだ。

実際、アメリカの主要な自己啓発本ライターたちの経歴を見ると、セールスマン出身者がすごく多いことに気づく。たとえば**マーク・ジョイナー**（Mark Joyner）という自己啓発本ライターは、専門がインターネット・マーケティングで、その主著は『**オレなら、3秒で売るね！**』（*The Irresistible Offer*, 2005）である。あと、『**アンソニー・ロビンズの運命を動かす**』『**アンソニー・ロビンズの自分を磨く**』（*Awaken the Giant Within*, 1990）という本で知られるアンソニー・ロビンズ（Anthony "Tony" Robbins, 1960– ）は、自己啓発本ライターとして名を上げる前は栄養サプリメントのセールスマンだった。

それから、これまた超有名なアメリカの自己啓発本ライターに**ジグ・ジグラー**（Zig Ziglar, 1926–2012）という人がいるが、この人も元々はうだつの上がらない無名のセールスマンだった。ところがある時、P・C・メレルという人の自己改善セミナーに出て、メレルから「君はトップになれるよ」と言われたことをきっかけにまるで人が変わったようになり、たちまち七千人ものセールスマンを抱える大企業のトップセールスマンになってしまった。で、そのジグラーの主著が、一九七五年に出版された『**ジグ・ジグラーのポジティブ思考**』（原題は*See You at the Top*、すなわち「君はトップになれるよ」の意）なのだが、この本の中に、きわめて啓発的なエピソードが書いてある。以下、その部分を引用してみよう。

あるニューヨークのビジネスマンが、鉛筆を売っているホームレスの缶に一ドルを放り込み、急いで地下鉄に乗り込んだ。だが、ビジネスマンは考え直して地下鉄を降り、さっきのホームレスのところへ戻ってコップから鉛筆を数本抜き出した。ビジネスマン

はすまなそうに説明した。急いでいたので鉛筆を受け取るのを忘れてしまったが、気を悪くしないでほしい、と。

「何と言っても、君も私と同じビジネスマンだ。君は商品を売っているし、値段も妥当だと思うよ」。そして彼は次の電車に乗り込んだのだった。

数カ月後、ある社交的な集まりで、そのビジネスマンのところへ身だしなみのいいセールスパーソンが近づき、自己紹介した。「おそらくあなたは私を覚えていらっしゃらないでしょうし、私もあなたの名前を存じ上げません。でも、あなたのことは決して忘れないでしょう。あなたのおかげで、私は自尊心を取り戻せたからです。あなたが現れて君はビジネスマンだとおっしゃってくれるまで、私は鉛筆を売る〝ホームレス〟にすぎなかったのです」

(『ジグ・ジグラーのポジティブ思考』六八—六九頁)

名もないホームレスの男が「ビジネスマン(=鉛筆のセールスマン)」であることを自覚し、またセールスのキモとは「妥当な対価でのサービスの提供」であるということに気づいたことから、ごく短期間に人生を一八〇度変えてしまったという話。ここでも「良きセールスマン」になることが金持ちになる第一歩、という、極めてアメリカ的な成功哲学が語られているわけである。

とにかく、アメリカの自己啓発本の中でも特に金持ちになる法を指南する「金儲け系自己啓発本」を読んでいると、「売り物は商品であれ、サービスであれ、はたまた自分の才能であれ、とにかく良いものを妥当な対価で売り、顧客を満足させろ、そうすればあなたは金持ちになれるであろう」という成功哲学をさんざん聞かされることになる。

そしてそのセールスマンの成功哲学が、気持ちのいいほど健全な哲学であることは、改めて指摘するまでもないだろう。

私のとなりの豊かな人

本章では「良いセールスマンになって、金持ちになろう！」的なアメリカの「金儲け系自己啓発本」について語ってきたが、この種の本の山の中にあって、異彩を放つ自己啓発本がある。それは**トマス・J・スタンリー**と**ウィリアム・D・ダンコ**の共著になる**『となりの億万長者　成功を生む7つの法則』**（Thomas J. Stanley & William D. Danko, *The Millionaire Next Door*, 1996）という本。これは「どうしたら金持ちになれるのか」を指南する本であると同時に、「金持ちとは、どういう人のことを言うのか」を明らかにした本でもある。金持ちになりたいとは思うけれども、金持ちであるというのがどういう状況なのか分かっていない、そんな私のような人間が読むと、目からウロコがボロボロと落ちる。

この本がまず我々に言い聞かせるのは、億万長者というのは、我々が一般に想像しているようなライフスタイルの人たちではない、ということ。つまり、金持ちとはフェラーリやロールスロイスを何台も所有していたり、プール付きの大邸宅に住んでいたり、ブランドものの服や宝飾品や高級時計で身を飾っていたりする人たちのことではないというのだ。本当の億万長者というのは、庶民的なクルマを中古で買って何年も乗り回し、時計はタイメックスかセイコー、住んでいる場所はせいぜい中流階級の普通の家、買う服は通販で有名な「JCペニー」とか、そういうところで買う。そういうものだと。

えー、そんなフツーな生活しているんじゃ、金持ちになった意味ないじゃん！と思ったあなた（というか、私！）。あなたと私は、間違いなく「蓄財劣等生」である。

この本のいう「億万長者」とは、「経済的に自立している人」という意味であって、「派手な生活をしている人」という意味ではない。逆に言うと、「派手な生活をしている人」が必ずしも億万長者とは限らない。

医者とか弁護士、あるいはスポーツ選手とか芸能人といった莫大な収入がある人は大勢いるが、そういう人たちの多くは、案外、億万長者にはなれない。なぜかというと、そういう人たちは高級住宅地に住み、そういう住宅地に住める人たちと付き合い、良いクルマに乗って、パーティーに行って、子供を学費の高い私立学校に入れて……というようなライフスタイルを選択せざるを得ないから。つまり入ってくるものが多い反面、使う分もやたらに多いのだ。だから何らかの不都合で収入がゼロになると、とたんに惨めな生活が待っているということにもなりかねない。いわば「蓄財劣等生」になるための落とし穴に囲まれているのであって、そういう人たちが億万長者になるのは、ラクダを針の穴に通すくらい難しい。

ならば蓄財優等生とはどんな人かというと、まずは地味に質素に暮らすことを厭わない人のこと。自分が何にいくら使っているかを明確に把握し、収入より支出を少なくし、余ったお金を優良株などに投資する人。預貯金よりも株や不動産などを重視し、税金で持っていかれないような資産を計画的に増やす人。自分自身に経済力をつけ、地道にしっかり働く人のこと。

こういう蓄財優等生は、たとえフェラーリを何台も所有できるお金を持っていたとしても、そういうものは買わない。では、彼らはどんなクルマに乗っているかというと、たいてい国産のでっかいSUV、たとえばフォードF150とか、クライスラー・ジープ・チェロキーなどの中古に乗っていることが多いという。こういうクルマはでかくて重くて安いので、一ポンド当たりの値段にすると馬鹿安になる。一方、フェラーリみたいに小さくて軽くて高いクルマは、一ポンド当たりに換算しても値段はものすごく高い。だから億万長者はフェラーリを買わずして、フォードやクライスラーを買うというのだ。というか、フェラーリを買わないで国産の中古車に何年も乗っているから、億万長者になれるのであって、蓄財優等生と蓄財劣等生は、かくも違うライフスタイルを持っているのである。

いやあ、正直、クルマをポンド当たり（日本風に言えばキロ当たり？）で高いか安いかを判断して買うなんて、私は考えたこともなかったです……。

ともかくこの本によれば、億万長者になれるかなれないかは、どんな職業に就いているかではなく、蓄財優等生のライフスタイルを受け入れられるかどうかによって決まるという。

とはいえ、全体的な傾向からすると、右に述べてきたような意味での億万長者の大半は、自営業だそうである。自営業の人は、自分が何にいくら使っているかとか、そういうことに自覚的にならざるを得ないので、蓄財優等生になるための心構えが自然に形成されるのだ。

ただ、金持ちになるためにこれから自営業を始めようというのはＮＧである。というのも、自営業者の大半は倒産するから。億万長者になるには、自営業を上手に経営して、なおかつ、地味で質素な蓄財優等生的ライフスタイルを維持する必要がある。

ということは……。

結局、誰でもなれるけれども、誰にでもなれるものではない、それが億万長者なのである。まあ、それを言ってしまったら身も蓋もないけれども……。

ところで。

『となりの億万長者』を読み、「地道に働いて地味に暮らし、蓄財優等生になれば億万長者になれるのか。でもそれはそれで茨の道だなあ……」などと納得していた私であるが、その時ふと気がついたのである。そう言えば、私の小学校以来の親友にも一人、それに近い奴がいる、と。

その友人、H田君は、元々裕福な家庭に生まれ育ったものの、早くにお父様を亡くし、しかもそのお父様が事業に失敗して多額の借金を残していたことで、若い頃から苦労の連続だった。高校を卒業して色々な職を転々とした後、タクシーの運転手になったのだが、とにかく「まっとうな暮らしをする」というのが彼の何よりの目標なので、勤務ぶりは模範そのもの。営業所に毎朝一番に出勤すると、誰に言われたわけでもなく、自主的に掃除をした。無論、日ごろからそういう心掛けで働いているのだから、同じタクシー会社に勤める人たちからの人望はもとより、やがて同業他社のドライバーたちからも信頼と尊敬を集めたのも必定。H田君はいつしか東京・町田周辺のタクシー仲間で彼を知らない人はいないほどの顔役になったのだった。タクシー同士で客の取り合いになったりすることの多かったその地域で、個々のタクシー会社を超えた客待ちのルールを作り、ドライバー同士互いに不満の出ないようなシステムを作り上げたのも、H田君の隠れた功績である。

とはいえ、タクシー業というのは不安定なところがあって、社会の景気に左右されることも多く、収入面で言えば、必ずしも楽な時ばかりではなかった。

しかし、そんな暮らしぶりの中にも、H田君には大きな生きがいがあった。それは彼の二人のお嬢さんの存在である。

若い時に親が資産を失ったことで家庭の幸せを壊されてしまったH田君は、お金の上に築かれた幸福がいかに虚ろなものかを誰よりも知っていた。だから自分が作る家庭では、たとえ贅沢な暮らしはできなくとも、家族の皆が健康で、明るく、笑い声の絶えない家庭にしようと、それだけを心掛けたのだ。だから普段はなるべく質素に暮らし、そうやって貯めたお金で年に一度か二度は家族で旅行に行って、二人のお嬢さんたちに楽しい思い出をたくさん作ってあげようと、H田君は必死に頑張った。

それだけではない。H田君が日頃質素な暮らしをしていたのには、もう一つわけがあった。彼には一つ、密かな夢があったのだ。私は彼の口から「いずれ娘たちが結婚する時には、それなりにまとまった額の持参金を持たせてやりたいんだよ」という言葉を聞いた時の、彼のはにかんだような笑顔をいまだに忘れることができない。そして彼のその夢は、その通りに叶ったのである。

かくのごとく『となりの億万長者』という本を読んだおかげで、私は、私の隣にもH田君という立派な蓄財優等生がいた、ということに気づかされた次第。

その一方、H田君から目を転じて自分自身を顧みると、どうして私が億万長者になれないのかはよく分かる。何と言っても、本章で説明した蓄財劣等生の条件を完璧に満たしているのだから。フェラーリとはいわないまでも、いつかはポルシェに乗りたいなどと考えていたりすることからして、もうダメだなと……。

けれども、私が億万長者になれないのは、そうなるためのライフスタイルを選んでいないからであって、それはつまり、この先「絶対蓄財優等生になってやる！」と決意し、その決意に忠実に生きれば、私もまた億万長者になれるということでもある。億万長者になるかどうかは、私の胸先三寸の話であると。

だから、本書第二章で扱った「人間が心の中で強く願うことは、必ず実現する」という引き寄せ系自己啓発本の主張は、色々とシビアなことが書いてあるこの本によっても、その正しさが裏書きされたと言っていい。実際、アメリカのほとんどの億万長者は一代で財を築いているのであって、それは昔もそうだし、今もそう。その点では、この世は実に公平な世界なのだ。

というわけで、本書をお読みの読者の皆さんの中で、金持ちになりたい！ と思っている方がいらっしゃるなら、次の愛車選定の時期にまっすぐ中古車屋さんに行き、「この中で、キロ当たりの値段が一番安いのどれ？」と店員さんに尋ねることをお薦めしておこう。この問いのその先に、輝かしい未来が待っているはずなのだから。

5 年長者が人生を説く父から息子への手紙

自己啓発本というのは、大雑把に言えば「人生をより良く生きるためのアドバイスを記した本」というこ とになるわけだが、本の性質がそういうものであるとすると、それが基本的に「上から目線」の本となることは必定である。若造が年長者に人生を説くことはできないのだから、「下から目線」の自己啓発本というのは、理論上、存在しない。

で、「上から目線の本」ということになると、今度はその目線の持ち主は誰かということが問題になってくる。

功成り名遂げた人が上から目線でアドバイスするなら、まあ、いいのである。たとえば、天下のナショナル（現パナソニック）を一代で築き上げた松下幸之助なら、何を言っても許される。我が国を代表する自己啓発本の一つである『道をひらく』（既述）の中で、松下翁が何を言おうが、それは全部立派な金言として受け入れられる。

では、さして功成り名遂げていない人はどうなのか？　そういう人にはアドバイスを垂れる権利はないのか？

いや、あるのだ。どんな人であれ、自分の息子に対してはアドバイスを垂れることができる。そもそも息子というのは、そのために存在するのだから。

ということで、自己啓発本の世界にも「父親から息子へ伝える処世術」という体裁を取ったものが結構ある。そしてそのアドバイスは、手紙を通じてなされることが多い。ゆえに、「父から息子へ送る手紙」形式の自己啓発本は、自己啓発本という文学ジャンルの下位区分として、立派に一つのジャンルを構成しているのである。

『ビジネスマンの父より息子への30通の手紙』

たとえば**キングスレイ・ウォード**（George Kingsley Ward, 1932–2014）が書いた『**ビジネスマンの父より息子への30通の手紙**』（*Letters of a Businessman to His Son*, 1985）という本もその一例。日本でも小説家の城山三郎が翻訳してベストセラーになったので、覚えておられる方も多いのではないだろうか。

著者のキングスレイ・ウォードという人はカナダの実業家で、某企業の創業者社長なのだが、心臓を病み、先行きが長くないことを悟る。そこで二代目社長になるはずの息子に宛てて次期社長としての心得を伝授すべく、三十通の手紙を書いた。その手紙をそのまま本にしたのがこの本ということになるわけだが、経済小説を数多くものした城山三郎氏としては、「社長の帝王学」という辺りに大いに興味があって、それでこの本の翻訳を引き受けたのであろう。興味があっただけではなく、氏はこの本に相当肩入れするところがあったらしく、「まえがき」には「若い知人のA氏は、本書の原書を電車の中で読んでいて、涙が出て困った、という」と書いてあり、また巻末の「あとがき」には「ともかく、人間を感じさせる本であった。その人間くささが、わたしたちに訴えかけ、ほろりとさせた」と書いてある。

で、ほう、それほど感動的な話なのか、と、私も楽しみに読み始めたのだが……、実際に読んでみたら、そうでもなかったです(爆!)。

……っていうか、むしろウザい(爆! 爆!)。

結局のところ、創業者社長の父親から見ると、色々な意味で二代目は不甲斐ないのであろう。不甲斐ないし、危なっかしい。そんな時、普通の親子関係だったら、親父が息子にガミガミどやしつけて、しばらくは口もきかない仲になるというあたりが相場。父子関係というのは大概そういうものであって、父子喧嘩を繰り返しながら、それでもその息子が多少なりともまともな奴だったら、少しは父親のアドバイスも受け入れて、いつしか一端《いっぱし》の二代目になると。

ところがこの本の父親、つまり著者のウォード氏は、世の一般の父親と比べるともう少し粘着質の男だったようで、息子に向かって意見したいことをうだうだと文章に綴り、手紙として渡していた。

だから、その手紙の内容となると、ねちねちと息子の欠点をあげつらい、その上で「こういう風にしろ」と命令するタイプの父親のそれである。無論、オブラートに包んではあるので、人によっては「ユーモアたっぷりに」と受け取るだろうけれども、そういうことならむしろズバッと直截的に言ってもらいたいと思う私のような人間からすれば、「ウザい」としか言いようがない。

たとえば、同年代の友人たちが次々と結婚し出したのを見て、そろそろ自分もと妻探しを始めた息子の動向を聞き付けたウォード氏は、「息子よ、焦って結婚したりすると後が怖いぞ。結局、離婚なんてことになったらえらい損失だ。結婚というのは、自分に投資するビジネスなのだからな。妻にするなら性格が温かくて礼儀正しく、清潔好きな女にしろ。それからその後一生添い遂げることを考えれば、美人を選んだ方が得だ。とはいえ、あらゆる側面でパーフェクトな女なんていないから、ある程度のところで妥協しろ。口説き落とす女が決まったら、用意周到で行け」とか、そんな趣旨の盛りだくさんなアドバイスをした挙句、最後の署名は「愛の天使より」。

あるいは、友人たちに誘われ、新しいベンチャー企業を興そうと息子がたくらんでいると知った時は、「お前、絶対、騙されているぞ。お前を起業に誘った友だちは、要するにお前を金づるにしようとしているのだ。お前にはそんなことも分からんのか。それでもやりたいというのなら、騙される前に周到な手を打って、「金を出す以上、俺がすべて監督するからな」と言ってやれ」というような趣旨のことをくだくだしく言った後、最後の署名は「共同経営者より」。

それから多角経営をしている自社を批判し、事業を整理して資金を一極集中させた方がいいんじゃないかと息子が言ってきた時には、「お前、ふざけんなよ。俺がどれだけ苦労して、この会社を経営してきたか、分かってないだろ。一極集中して失敗したらどうするんだ。多角経営して、事業の一つが経営不振になっても他の分野でカバーするというのがうちのやり方だ。かの経営の神様、アンドリュー・カーネギーだって言っているだろ、「初代と二代目は作業着を着る」って。これは初代が苦労して一から作り上げたものを二代目がつぶし、三代目はまた一から出直す羽目になるって意味だよ！俺の目の黒いうちは経営方針についてお前にとやかく言われる筋合いはない！　会社の進路を決めるのは俺だ。お前はただ俺の命令に従ってりゃいいんだ」というような内容のことを言っておいて、最後の署名は「ウォード船長より」。

こんなのを延々三十通も読まされて、ほろりとくるのだろうか？　少なくとも私に関しては全然こない。落涙なんかしない。特に、手紙の最後に添える署名のイヤらしいことたるや、本当に趣味が悪い。

というわけで、どうしてこの本が素晴らしい自己啓発本だ、父性愛の見本だ、みたいなことを言われるのか、私にはさっぱり分からない。ちなみにキングスレイ・ウォードにはもう一つ、同じく家業を継いだ娘に宛てた手紙を編纂した『ビジネスマンの父より娘への25通の手紙』という続編があって、これまた城山三郎氏の手によって邦訳もされているが、私の見るところ、こちらの方が嫌味がなくて読み易い。ウォード家の場合に限って言えば、軽薄でお調子者な息子に比べ、娘の方が堅実で真面目だったということもあるが、一般論として父親は娘に対して甘いところがあるもので、それによって手紙の内容や調子も自ずと変わってくるのだろう。

それにしてもウォードの『ビジネスマンの父より息子への30通の手紙』は、私の目には鬱陶しい。「父から息子へ送る手紙」形式の自己啓発本となると、私としては次に挙げる**フィリップ・チェスターフィールド**の**『わが息子よ、君はどう生きるか』**という本の方をより強くおススメしたいところ。

十八世紀イギリス貴族の父から息子への手紙

この本の著者は「フィリップ・チェスターフィールド」となっているが、正式には「フィリップ・ドーマー・スタンホープ、第四代チェスターフィールド伯」(Philip Dormer Stanhope, 4th Earl of Chesterfield) というのが正しい。チェスターフィールドというのはイギリスの地名で、この地を治める伯爵様がこの本の著者なのだ。

そのフィリップ・スタンホープ伯爵であるが、一六九四年生まれの一七七三年歿だから、先に紹介したキングスレイ・ウォードと比べるとよほど古い時代の人。貴族の生まれにして後には政界で活躍し、また文人としても知られた人である。生前はウィットに富んだ著作の数々で誉れ高かったようだが、死後は『わが息子よ、君はどう生きるか』(原題は*Letters to His Son*) しか残らなかった。この本はもともと息子に宛てた私信であって、もちろん公開するつもりなんかなかったのだろうが、結局、その私信で後世に名を残すことになるとは、スタンホープ伯爵にしてみれば意外なことだったかもしれない。

フィリップ・
チェスターフィールド

ちなみに「息子に宛てた手紙」といっても、その「息子」は庶子である。スタンホープが仕事でデン・ハーグに滞在していた時に、現地の女性に産ませたもので、それでもスタンホープは彼を教育面で相当バックアップしたらしい。それなりに才能のあった息子だったようだが、やはり庶子であることのハンディキャップは大きく、また病気も災いして早世したという。

とにかくこの本は、スタンホープが庶子の息子に対し、処世術を伝授した一連の手紙であって、イギリス紳士たる者が心して耳を傾けるべきマナー集として、十八世紀から今日に至るまで広く読まれ続けている名著ということになっている。

ちなみに、この本がどのくらい広く読まれていたかを窺わせる一つの事例がある。

明治時代にイギリスから日本にやってきた著名な日本研究家にバジル・ホール・チェンバレン（Basil Hall Chamberlain, 1850–1935）という人がいて、この人は三十八年に亘る日本滞在の後、祖国に帰ったのだが、その際、大量の蔵書を日本に残していった。そのチェンバレンの蔵書がたまたま私の勤務先大学の図書館に「チェンバレン・杉浦文庫」として所蔵されているのだが、そこにはスタンホープの *Letters to His Son* がちゃんと含まれている。こうしたことからも、この本が教養のあるイギリス紳士にとっての必読図書であったことが窺われるわけである。

ではその名著たる『わが息子よ、君はどう生きるか』についてご紹介していこう。

まずこの本は、チェスターフィールド伯スタンホープの死の翌年、すなわち一七七四年に出版されているのであって、「父から息子への手紙系自己啓発本」の伝統の劈頭《へきとう》に立つものだと言っていい。

だがこの本について特筆すべきは、「この種の本の最初の例」ということよりもむしろ、「その割に、嫌味がなくてとてもいい」ということなのだ。

先に『ビジネスマンの父より息子への30通の手紙』をご紹介した時にも書いたように、このジャンルの自己啓発本は、基本的に「ウザい」。というのも、一般論から言って、息子にとって一番処世訓を受けたくない相手は父親だから。「父から息子への手紙系自己啓発本」という文学ジャンルは、その成り立ちからして半ば崩壊しているわけである。

しかし、そうなると逆に、この種の自己啓発本では、当該の父親と息子の関係が遠ければ遠いほど成功する確率が高い、ということにもなる。その方が、より一般論に近くなるのだから。

先に紹介した『ビジネスマンの父より息子への30通の手紙』の場合だと、これは父親が、自分の会社を継ぐ二代目に向かってあれこれ口を出すという状況だから、父親と息子の関係は血のつながりだけでなく、社長と次期社長という仕事上のつながりも含まれる。となると、その分、両者の距離はすごく近くならざるを得ない。この本がものすごくウザいものになっているのも、ある意味、仕方のないところである。

一方、『わが息子よ、君はどう生きるか』における両者の関係は、貴族の父親とその庶子なのだから、色々な意味で遠くならざるを得ない。

だから、いいんです！（↑川平慈英風に）

しかも、スタンフィールド伯爵が息子にするアドバイスの一つ一つがまた実にいいのだ。というのも、伯爵のアドバイスは「道徳的」というよりも「戦略的」だから。そう、この本は、別にモラルを教えようとしているのではないのだ。そうではなくて、モラルの観点から言えばこうすべきだろうけど、実際にはこうした方が自分の得になるよ、と。そういう戦略的な処世訓を垂れているのが、この本の面白いところなのである。

たとえばチェスターフィールド伯が息子に与えた処世訓の一つに**「お世辞を言えること」**というのがある。

人間は誰しも人から褒められたいと思っている。だから、その褒められたいと思っているところを褒めてやると、その人を自分の味方にすることができる。しかしその場合、相手がどこを褒められたがっているかを見抜くことが重要で、たとえば一流の政治家の政治手腕を褒めるより、その人の二流詩人としての側面を褒めてやった方が遥かに効果的。なぜなら、その人は政治に関しては自信があるが、詩人としては自信がないから。その自信のないところを褒めてやれば、相手はイチコロだ。そのためには、相手の言動をよーく観察すること。観察していれば、どこが褒めどころか、分かるはずだ……。

……的なことが書いてある。無論、「おべっかを使う」というのは、モラル的にはあまり褒められたものではないけれども、「賢くおべっかを使う術を身に付けている」ことは、良好な人間関係を築き、自分の身を守るためには非常に有効な手段だから、覚えておけと。

要するにこれがチェスターフィールド伯スタンホープの処世訓なのだ。つまりは人間学。「人間通になれ」と、彼は息子に教えているのである。

その他、私が「いいね！」と思ったこの種の処世訓を羅列していくと……。

自分の長所に気をつけろ。短所というのは、それ自体醜いものだから誰しも直そうとするが、長所は一見素晴らしいものに見えるので、誰もそれを抑制しようとしない。しかし、長所をそのまま増長させるとひどいことになる。たとえば学識は素晴らしい長所だが、放っておくと鼻持ちならない衒学になってしまう。長所が長所であり続けるために、よくよく意識して見張っておかなければならない。

他人の些細な欠点には目をつぶった方がいい。そんなところまで注意して相手に嫌われるより、その相手の無邪気な欠点に目をつぶって友だちで居た方がよほどいい。

人望ほど合理的で着実なよりどころはない。一人の人間を押し上げるのは人々の好意であり、愛情であり、善意だ。ではそれらをどうやって手に入れるかというと、まずは手に入れる努力をすべきだ。人々の好意・愛情を努力しないで手に入れた人はいない。

人間は普段接している人間の雰囲気、態度、長所・短所、ものの考え方まで無意識のうちに取り入れてしまう。だから、付き合う人間を選べ。しかし、もしそういう優れた人が廻りに居なかったのなら、やはり周囲の人間をよく観察して、この人のこういうところがいい、ということがあれば、それを真似よ。

服装や髪形、清潔感など、外見は非常に重要であるので、よくよく気をつけて自分の外見を整えよ。ただし、一旦整えたら、その日一日、自分の外見には一切気を取られるな。

どんな話題にせよ、「その話、知っている」ということを言ったり態度に示したりするな。とにかく、何も知らないという風を通して、相手にとことん語らせよ。そうすれば、案外、自分の知らなかったことまで語ってくれることもあるだろうから。

意志は強固に保て。仮に譲歩しなければならないことがあったとしても、全面譲歩ではなく、一歩一歩、少しずつ譲歩せよ。柔軟であることは、必ずしも良い結果をもたらさない。譲らない一線を保て。ただし、あくまでも物腰柔らかく。

どうだろう、処世訓としてためになると思われないだろうか？　少なくとも私には大いにためになった。特に最後の一節とか。私の場合、意志は強固だけど、態度も強固になりがち。そこが私のダメなところで、敵を作ってしまうことにもなる。反省……。

あと、チェスターフィールド伯はインテリアの分野にも名を残していて、重厚な革とたくさんの鋲でできた、いかにもイギリス的な「チェスターフィールド・ソファ」というのは、この人の注文によってスタイルが定着したものである。また今、日本でも人気の「チェスターコート」は、この人の末裔の考案になるものだとか。そういう意味でも、「チェスターフィールド伯」というのは、政治・文学・インテリア・ファッションなど様々な面で足跡を残した、なかなか面白い存在であると言っていい。

二十一世紀イギリスの父から息子への手紙

さて、「父から息子への手紙系自己啓発本」の例として、十八世紀の『わが息子よ、君はどう生きるか』と、二十世紀の『ビジネスマンの父より息子への30通の手紙』を紹介してきたが、この伝統は二十一世紀の今日もなお続いている。

そんな例の一つが、二〇一一年にイギリスで大ベストセラーになった**ロジャー&チャーリー・モーティマー**（Roger & Charlie Mortimer）の共著になる**『定職をもたない息子への手紙』**（*Dear Lupin: Letters to a Wayward Son*）という本。手紙の主、すなわち父親であるロジャー・モーティマーは中産階級の競馬本ライターで、ハンティングとクルマの運転を趣味とする若干アルコール依存症気味な奥さんとの間に二人の娘と一人息子チャーリーがいる。このチャーリーが、父親のロジャーから手紙を受け取る息子である。

さて、チャーリーはかつてロジャーも通ったパブリック・スクールの名門中の名門、イートン校に通っていたのだが、どうもこの学校が性に合わなかったようで中退してしまう。で、以後、怪しげな仲間とつるんでドラッグをやったりアルコール依存症になって体を壊したりしながら、これという定職にも就かず、フラフラしたまま中年を迎える。そんな不甲斐ないダメ息子のチャーリーが、イートン校を中退するかしないかでもめていた頃（当時ロジャーは五十八歳）から始まってその後二十五年もの間、出来の悪い息子に対して父親ロジャーが折に触れて書き綴った私信をまとめたのがこの本ということになる。

だからこの本は、先に紹介した二書とは異なり、自己啓発本たらんという意図などまるでない。そうではなくて、ただフラフラしてばかりいる息子に対して父親が書き送った手紙そのもの——なのだが、これがまたとてつもなく面白いのだ。

手紙の内容は、一向に定職に就く気がなく、里帰りもせず、手紙はおろか電話一つ寄こさない息子に対する「もうちょい頑張ったらどうなんだ」的な叱咤であったり、励ましであったり、気遣いであったり、はたまた家族の近況や共通の知り合いの噂、さらには地元の町で起こったちょっとした事件などを知らせるごく普通の家族の私信なのだが、やはりそこはイギリス人の手紙であって、イギリス人特有の自虐的なユーモアがいい塩梅で注入されている。エキセントリックな奥さんに振り回され、結婚した娘たちやその婿さんたちとの付き合いに辟易し、飼っている犬たちの粗相にうんざりし、変人揃いの親戚・縁者・友人・知人たちの奇癖・奇行に驚かされ、次第に老い衰えていく自分自身に対する嘆き節を綴るロジャーの手紙のまあ面白いこと！　とりあえずここで、そのうちの二、三通を例示してみよう。

---（1974年4月3日付書簡）---

バズ・ファームにて　親愛なるルピンへ〔「ルピン」はチャーリーの愛称〕

誕生日のお祝いに、ちょっとしたプレゼントを同封させてもらう。大した額ではないが、ガソリン満タンにしてトッテナム・コート・ロードあたりの中華レストランで食事ができるくらいはあるだろう。

せっかく二十二歳の誕生日だというのにお前に職もなく、大した求人情報にも恵まれていないというのは、なんという不幸だろう。人材を求めてはいないかと、Pさんに相談してみた。だが彼の会社では、大卒でないと門前払いということらしい。そのうえ、三十人の大卒資格者を選んでも、そこからさらに予備訓練にまで生き残ることができるのは、せいぜいひとりかふたり程度なのだそうだ。

お前がAレベルのひとつも含め、なんの資格も持っていないというのは非常に残念なことだ。それにお前ときたらイートン校を辞めてからというもの、何かに時間をかけて打ち込もうとすらしてくれない。ちゃんと働ける男だし、人とうまくやる能力にも長けているというのに、今のお前ときたら何をしても長続きしない。競馬用語でいえば、長距離を走れないノン・ステイヤーといったところだ。それでも、お前がそういう人生を選ぶのであれば、私にできることは何もない。だが、ゲーム盤作りの仕事などをして、将来はどうなるだろう？　誰か、北海油田に知り合いはいないか？　あそこには間もなく大金が集まるようになる。私が身を置くジャーナリズムの世界は悲惨な状況で、ビーバーブルックの新聞も年内に廃刊になっても不思議ではないくらいだ。教会なども悪くない。地方で牧師になってのんびり暮らすのは、魅力的ではないかな。幸い、英国国教会では、信仰心さえ持っていれば誰でも聖職者になれるようだよ。

ヒスロップさんが、時給一ポンドで庭師を募集中らしい。庭仕事だけで許して貰えるのかは分からないがね！　でなければ、ケンジントンあたりで金持ちの未亡人を探して執事をしてみるという手もある。そういう仕事をしてみると、思いがけない経験ができるかもしれないぞ。もしかしたら、有名なハンプシャーの金持ち、チキン・ハート殿が身のまわりの世話人を探しているかもしれない。あの御仁の下着の整理など、どうかな？

さておき、私がお前の将来を案じているのは本当だが、だからといってあまり無理をしてほしくはない。若さというものは永遠のものでもなく、気づけば瞬く間に消え去ってしまう。

ジェーン〔チャーリーの姉〕から長い手紙を貰ったのだが、あまりにも字が汚かったので、途中まで読んで放り出してしまった。ルイズ〔チャーリーの妹〕は、また煙草と酒をやりはじめたとのこと。次は何をしはじめるつもりだろう？

もし私にできることがあれば、言いなさい。最悪でも、門前払いされる程度だから心配しなくていい。あと、とことん金に困るようなことがあれば、そのときも私に相談すること。運がよければ、私が多少は機嫌がいいときに当たるかもしれないからな。

愛を込めて。父より。

（『定職をもたない息子への手紙』八七―八八頁）

（1977年の書簡。日付なし）

バズ・ファームにて　チャールズへ

私の通っていた私立学校のトイレの壁に、忘れられない二行連句が書かれていた。

トイレの壁に名を残せし君よ
なぜ君はそうまでして名声を急ぐのか

歴史に名を残したいのかどうか分からないが、二十五歳にもなるというのに、ロンドンのオークション会場で（恐らく頼まれもしないのに）死んだ歌手〔当時急逝したエルヴィス・プレスリーのこと〕の物まねをしてみせるとは、なぜお前はそうまでして名声を急ぐのか。幸い、うちの一族には、デイリー・ミラーなどという低俗なタブロイド紙を読む者などほとんどいないので助かった。デイリー・テレグラフ紙はちゃんとお前の名前を隠してくれていた。

お前の物まねは私にとって、だいたいの素人芸人の芸と同じで、やや鬱陶《うっとう》しいくらいのものであった。ターフ・クラブ〔一八六一年にロンドンで創立された名門紳士クラブ〕への推薦に響かないよう願っている。気にしない人もいるだろうがね。ともあれ、反対投票でお前の入会が却下されたなら、ちょうどいいから私も退会し、もっと自分の収入に見合ったクラブへと鞍替えすることにするよ。

私自身、カメラを避けて生きてきたわけではない。出版物の中で「愉快なおしゃべり」と書かれたりしたこともあるが、これはつまり「つまらない話を延々と続ける人物」を意味する婉曲表現だ。

元気に過ごし、アルバイトでもいいから何か仕事を見つけなさい。

愛を込めて。父より。

（一一一―一一二頁）

（1984年の書簡。日付なし）

月曜　バズ・ファームにて　親愛なるルピンへ

そういえば、本物のルピンがハイゲート墓地のカール・マークスのそばに埋葬されているのは知っているか？

ウェストン＝スーパー＝メアの暮らしはどうだ？　治療もつらくなく、ちゃんと効果が実感できているといいのだが。幸いお前はニドノッド〔ロジャーの妻、チャーリーの母の愛称〕やマーガレット・サッチャーと違い、つらい局面でも笑い飛ばすことのできる強さを持っている。それがきっと、助けになってくれるだろう。きっと、食欲も性欲も満たされずにさぞ鬱憤を溜めていることだろうな。母さんはお前との面会は楽しんだようだがひどく腹を立てて帰宅し、私にめちゃくちゃに当たり散らした。そういうときの母さんは、さながらアンソニー・パウエルの『*Casanova's Chinese Restaurant*（カサノヴァの中華料理店）』に登場するマクリンティック夫人だ（ちなみに夫のマクリンティック氏は、愛車ボゾールの中でガス自殺をする）。

お前が早く退院し、キントベリーへの引っ越しを手伝ってもらえるといいのだが。正直に言うと、是が非でも間に合ってほしい。もしくは、私があと十五歳若かったらいい。だが悲しいかな、私は急激にもうろくし、体もどんどん悪くなってきている。歳を取るということは、驚きに満ちた体験だ。ほとんどは、歓迎しかねる体験ばかりだけどね。まるで、犯してもいない罪で罰を受けてでもいるかのような気持ちになってくる。また冬が来ると思うと、気が重くてたまらない。まるで夏も訪れずに冬へと急いでいるかのようじゃないか。キントベリーに行っても、これまでと同じ医者にかかるつもりだ。見知らぬ悪魔よりも馴染みの悪魔、ということさ。体の中が痛くてたまらないが、もし手術でも受けて楽になろうと思えば瞬く間に病院に閉じ込められ、あらゆる人間の尊厳を片っ端から取り上げられ、体じゅうの穴という穴にチューブを差し込まれてしまうことになるだろう。人生最大の失敗は、その昔ニューバリーで買った安売りのジンを飲んで意識を失ったあと、また意識を取り戻してしまったことだ。あれからというもの、健康や幸福を感じたことが私は一度もない。本当に幸福な人びとなど、ごくひと握りなので

はないかと思う。ほとんどの人が満ち足りた人生を望むだろうが、それを手に入れる人など本当にわずかしかいないのだ。（中略）
私のゴッドサン《代子》のジョニーが仏教の寺院に入って、今後三年半は外界と連絡が取れないのだそうだ。まあ、寂しがるような男ではない。ところで、お前に面会しに行ってもいいか？　新しい車で行って、その辺のホテルに泊まろうと考えている。たぶんそこの病院の職員は、私をひと目見るなり捕まえて、クッション室の独房に放り込むだろう。新しい車は気に入っているが、レバーやスイッチがやたらと付いており、どれが何だかよく分からない。まずは暖かい季節を迎える前に、ヒーターの切り方だけでも理解したいのだが。（中略）

　ブライトンへの旅行は楽しかった。いずれあのあたりの眺めのいいアパートで、海とヌーディスト・ビーチを眺めながら余生を過ごすというのもいい。従兄弟のジョンは、ひどい病気からようやく回復しつつあるようだ。私の親友、カリド・アブドラは、一日に百万ポンド稼ぐらしい。一日分くらい分けて欲しいものだ！　ヒスロップ夫妻は自宅を七十五万ポンドで売りに出している。ブリガディアジェラードが種馬として役に立たないらしいので、金が足りないのではないかと思う。

　オットー〔飼い犬〕をサーティース夫人との昼食に連れて行ったのだが、品行が下品で本当に参った。カーペットの上で小便をしたばかりか、自分の母でも叔母でもかまわず犯そうとするのだ。

『モール君のおとなはわかってくれない』という本を読んだことがあるか？　とても面白い本だった。それではそろそろ朝食のために、固ゆで玉子とゴムのように固いパンでも用意することにしよう。

たまには電話でもかけなさい。

父より。


（一九一―一九四頁）


ね、何だか知らないけど、妙に可笑しいでしょう？

で、こういった一連のユーモラスな手紙を読み、ムフフと笑っているうちにジワリジワリと感じられるのは、これほど出来の悪い息子すら見放すことなく、淡々と心の籠った手紙を書き続けるロジャーの親心。そこにあるのは、紛れもなく愛だ。一貫して変わらぬ、しかし、だからと言って決して押しつけがましくない愛。

なので、この書簡集がもし「自己啓発本」的な側面を持つとしたら、それは「親たるもの、自分の子供に対してどういう態度をとるべきか――たとえその子供が、恐ろしいほど出来が悪いとしても」ということについての啓発だと言っていいだろう。そして、それは大いに納得できるものであり、かつ、頭の下がるものである。素晴らしい！　私は、半ば仕事がらみで読み始めたのだが、途中から仕事のことは忘れてしまった。そのぐらい面白いし、啓発的な本である。

なお、この本のあとがきに書いてあったことで一つ私が驚いたのは、ロジャーの長女の夫（結局長女は離婚したので、正確に言えば「元夫」）の話。**ポール・トーディ**（Paul Torday）という名のこの人物は、ビジネスを引退した後、小説家に転じたそうで、代表作は『**イエメンで鮭釣りを**』(*Salmon Fishing in the Yemen*, 2007) という小説なのだが、これはその後『砂漠でサーモン・フィッシング』と題して映画化されている。この映画は私も見たことがあって、かなり面白かった記憶があるが、この映画の原作が、『定職をもたない息子への手紙』の著者の(元)婿さんであると聞いてちょっとビックリした次第。世間は狭いものである。

なぜ父は息子/娘に手紙を書くのか

それにしても、長い自己啓発本の歴史の中で、「父から息子/娘への手紙系自己啓発本」というジャンルはあれども、「母から娘/息子への手紙系自己啓発本」はない、というのは、考えてみればおかしな話である。

思うに、母親が娘/息子に願うのは、「心身の健康」や「幸福」といったシンプルなことであるのに対し、父親が息子/娘に対して願うのは、「自分と同じように立派に生きてもらいたい」ということなのではないか。そこには「自分はこの人生である程度の成功を収めてきた」という自己満足的な自負心が前提としてあり、その自負心が、「お前たちも俺を見習え」という趣旨の若干押しつけがましいアドバイスの背後に鎮座しているのだろう。

ところが面と向かってそれを伝えるとなると、なかなか上手い具合にはいかないし、そもそも気恥ずかしさが先に立つ。で、口で言えないとなれば手紙という手段に訴えざるを得ず、そうして文字として残ったものが、「父から息子／娘への手紙系自己啓発本」だったのではなかろうか。その意味で「父から息子／娘への手紙系自己啓発本」という文学ジャンルは、男性特有の「プライドの高さ」と「コミュニケーション下手」が相まって生じた文学現象と言っていい。

そんなことを思うにつれ、ふと頭に浮かぶのは、数年前に亡くなった私自身の父のこと。父は私に面と向かって処世訓を垂れるような人ではなかったが、しかし、自身の人生について、ある程度の自負は持っていたと思う。そんな父がもし、私に対して「父から息子への手紙系自己啓発本」を書いたとしたら、どんな風になっていただろうか？

ひょっとしてものすごくウザいものになったかもしれない。だが今は、たとえどんなにウザいものでもいいから、それを読んでみたかった気がする。

日本版 父から息子への手紙『君たちはどう生きるか』

本章では、父から息子への手紙系自己啓発本の代表例を幾つかご紹介してきたが、この種の自己啓発本は日本にもある。

たとえば、**吉野源三郎**の『**君たちはどう生きるか**』がその代表。この本、一九三七年が初版だから随分前に出版された本ということにはなるが、初版出版から八十年後に当たる二〇一七年に漫画化されたことをきっかけとして、思いがけず再ブームとなったことはまだ記憶に新しいところだろう。

『君たちはどう生きるか』の主人公は旧制中学二年生の「コペル君」こと本田潤一。暮らしぶりは都会的かつ文化的、ただし大銀行の重役であった彼の父親は既に亡くなっているという設定。そんなコペル君が、同級生の北見君、浦川君、水谷君、そして水谷君のお姉さんのかつ子さんらと繰り広げる日常生活のあれこれの中で、時に間違いをしでかしたりしながらも、そこから何かを学んで成長していく様が描かれていく。で、そうした事々を、コペル君は近所に住んでいる仲良しの叔父さん（この人はコペル君のお母さんの弟で、大学を出たての法学士）にざっくばらんに話すのだが、それに対して叔父さんは、口頭で自分の考えを伝える一方、後でコペル君がじっくり読めるように、その時々のコペル君へのメッセージをノートに記していく。だから本作はコペル君の日常を描いた部分と、それに呼応する「叔父さんのノート」が交互に出てくることになり、この「叔父さんのノート」が、「父から息子への手紙」と同等の働きをするという仕組みになっているのだ。

　叔父さんは父親じゃないのだから、これは「父から息子への手紙」ではないではないか、と思う人もいるだろう。しかし本章でも述べたように、この種の自己啓発本では父親と息子の距離が遠ければ遠いほどいいものになる傾向がある。そう考えると、叔父さんと甥の関係というのは理想的だ。一親等でない分、両者の距離は遠くなるので、たとえ血のつながりのある年長者からの言葉であっても、父親に直接言われる小言ほどのウザさはないのだから。つまり「親しい叔父《モノンクル》」というのは、若者にとって、最良の相談相手なのである。しかも『君たちはどう生きるか』の場合、叔父さんがコペル君に面と向かって語るのではなく、「ノート」を通じた文通のようにしてメッセージを伝える形になっているところが、「書簡形式の自己啓発本」としての資格にもなる。

　加えて本作の中で一度だけ、コペル君が父親と間接的ながら接する箇所がある。

それはコペル君の父親が生前、一人息子のコペル君に対して抱いていたという一つの希望、すなわち「立派な人間になってもらいたい」という希望を叔父さんがノートに記し、それをコペル君が読む、というところ。この箇所があるおかげで、本作には「父から息子への手紙」が一通だけ仕込まれていた、ということにもなる。

で、本作の最後の方に、コペル君が自分でもノートを作り、そこに叔父さんへのメッセージを書き記すシーンがあるのだが、その中でコペル君はちゃんとこの父親の手紙に反応している。

叔父さん。

僕も今日から、このノートブックに感想を書いてゆくことにしました。叔父さんのノートが僕に話して聞かす形で出来ているように、僕も、叔父さんに話すようなつもりで、これを書くことにします。

叔父さんのノートは、僕、くりかえし読みました。僕にはまだむずかしいところもありましたが、でも僕は、飛ばさずになんども読んで見ました。

一番心を動かされたのは、やはり、お父さんの言葉でした。僕に人間として立派な人間になってもらいたいというのが、なくなったお父さんの最後の希望だったということを、僕は決して決して忘れないつもりです。

僕、ほんとうにいい人間にならなければいけないと思いはじめました。叔父さんのいうように、僕は、消費専門家で、なに一つ生産していません。浦川君なんかとちがって、僕には、いま何か生産しようと思っても、なんにも出来ません。しかし、僕は、いい人間になることは出来ます。自分がいい人間になって、いい人間を一人この世の中に生み出すことは、僕にでも出来るのです。そして、そのつもりにさえなれば、これ以上のものを生みだせる人間にだって、なれると思います。

（『君たちはどう生きるか』二九六―二九七頁）


うーん、素晴らしい！　まっすぐに伸びていく少年の心が美しい！　小説のこの辺りの背景は、ちょうど冬が終わって春が始まる頃なのだが、その春の胎動が、コペル君の人間としての成長、子供から大人への変化と重なり合うところがまた何とも言えずいい。

そしてまた、「僕は、いい人間になることは出来ます。自分がいい人間になって、いい人間を一人この世の中に生み出すことは、僕にでも出来るのです。そして、そのつもりにさえなれば、これ以上のものを生みだせる人間にだって、なれると思います」というコペル君の宣言が、紛う方なく、自己啓発的決意の表明になっていることにも注目したいところ。変わるつもりになりさえすれば自分は変われるし、そのことによって自分の周囲の世界に変革を与えることすらできるという「インサイド・アウト」の考え方。『君たちはどう生きるか』は、このコペル君の初々しい決意を記すことで、我が国を代表する自己啓発本の一つになった、と言っていい。

ちなみに、私自身は『君たちはどう生きるか』を小学校六年生の時に読んだのだが、そのことは妙にハッキリ覚えている。

私が六年生の時の担任の先生は山本茂久先生といって、それはそれは厳しい先生だった。それで私たちはよく何か悪さをしては、山本先生に叱られたものなのだが、先生の叱責の声が教室に響き渡り、クラス全体がシュンとなっている時を見計らって、私の隣の席に座っているH本君が私にちょっかいを出してきて、私を笑わそうとするのである。私は大声で笑いたい衝動と、笑ったら山本先生にどれほど叱られるかという恐怖の間で、塗炭の苦しみを味わうのが常だった。H本君というのは、本当に困った人なのである。

で、そんな悪戯好きのH本君が、ある日、珍しく真面目な顔をして、「尾崎君、この本、面白いよ!」と勧めてくれたのが、『君たちはどう生きるか』だったのだ。実際に読んでみたら本当に面白く、大いに感動させられてしまった。だから私にとってこの本は、愉快なH本君との思い出の詰まった本でもあるのだが、あれから四十八年もの月日が経った今、改めて自己啓発本の研究者としてこの本のことに言及できるというのは、何とも不思議なめぐり合わせではある。

それにしても四十八年前にこの本を初めて読んだ時、私とH本君は十二歳で、コペル君は十五歳の設定。思えば三人とも、随分歳を取ったものだ。

そしてこの間の長い年月を振り返ってみた時、『君たちはどう生きるか』の最終ページで作者の吉野源三郎が読者に問いかける「そこで、最後に、みなさんにおたずねしたいと思います。——君たちは、どう生きるか」という問いが、四十八年前に突きつけられた時以上に、私の前に重く置かれている気がする。

果たして私は、この問いに対して何と答えるべきなのか。「私はこういう風に生きてきました」と胸を張って答えられる何かがあるのか。

そのことを、改めて自分自身に問い質したいと思うのだ。

6 日めくり式自己啓発本

年末、何だか知らないけれどもあちらこちらからカレンダーをいただいて結局持て余す、なんてことがよくある。中でも困るのがお寺さんからいただくカレンダー。日めくり式になっていて、一日(ないしひと月)が終わってペラッとめくると、「本尊に合掌すれば信心となる」みたいなありがたい言葉が書いてあるヤツ。あるいは、お寺さんからもらうわけではないけれど、「だれにだってあるんだよ　ひとにはいえないくるしみが――にんげんだもの」(by相田みつを)的な言葉が書いてあるカレンダー。

しかし、よく考えて見れば、こういうタイプのカレンダーも自己啓発本の一種と言えなくはない。いわば「日めくり式自己啓発本」。英語に「turn over a new leaf」という言い回しがあって、字義通りには「新たなページをめくる」ということだが、それにはまた「心機一転」とか「生活を一新する」という意味もある。日付が変わって一枚めくる毎に何か啓発的な言葉が目に飛び込んできて、それにインスパイアされて心機一転、日々の生活が一新するのであれば、そのカレンダーはもはや立派な自己啓発本である。

小市民的処世訓——フランクリン『プーア・リチャードの暦』

さて、ではそんな日めくり式自己啓発本のルーツは奈辺にあるのかを探っていくと、これはもう、十八世紀半ばのアメリカで出版された**ベンジャミン・フランクリン**の**『プーア・リチャードの暦』**(*Poor Richard's Almanack*, 1732–58)に行き着かざるを得ない。またそのように考えると、俄然、日めくり式自己啓発本に対する見方が変わってくる。

というのも、本書第一章に記した通り、この暦を作ったベンジャミン・フランクリンこそ、アメリカの、そして世界の自己啓発本界の「ラスボス」だから。そのラスボスのフランクリンが『自伝』を書く前、まだ若い印刷工だった頃に『プーア・リチャードの暦』なる暦を出版し、これが売れに売れて、その売り上げで一生食うに困らないだけのお金を稼いでしまったというのだから、その意味では、彼の『自伝』よりも『プーア・リチャードの暦』の方が、「アメリカ初の自己啓発本」の称号にふさわしいとすら言えるのだ。

ではなぜ『プーア・リチャードの暦』はそれほど売れたのか？　というか、そもそも暦というのはそれほど売れるものなのか？　という話になるわけだが、そのことを論じる前に一つ注意しておかなければならないのは、『プーア・リチャードの暦』が「暦（アルマナック）」であって、「カレンダー」ではないということだ。カレンダーであれば、それは今日が何年何月何日の何曜日であるかを教えてくれるものでありさえすればいいが、暦となるとそうはいかない。暦というのは、カレンダーとは比べ物にならないほど情報量の多いものなのだ。

たとえば暦には日の出・日没の時間が書いてある。そればかりか、満潮・干潮の時刻や月の満ち欠け、さらにはそれぞれの季節における他の星々の位置なども書いてあって、これらは海に出る漁業関係者にとっては貴重な情報となる。また季節毎のおおよその天気予報はもちろんのこと、農作物をいつ頃植え、いつ頃収穫すればいいか、といったことなども記載されており、これらの情報は農業関係者には欠かせない。その他、感謝祭やクリスマスなど各種年中行事の日時の報せなどもあって、これはこれで暦を読む人の心づもりにもなるし、子供にとっては指折り数える楽しみにもなる。要するに暦というのは、アメリカのように国土が広大で、新聞さえも届かぬ僻地がたくさんあるような国に住む人々にとって、何はなくとも一家に一冊常備しておくべきモノであったのだ。

だからこそ、その昔、アメリカで暦というのは基本的に出せば売れるものだったわけだが、そこに目をつけた印刷工時代の若きベンジャミン・フランクリンは、この情報満載の暦にもう一つ、「格言」という情報を付け加えた。しかもその格言というのが抹香臭い教訓などではなく、もっと庶民の生活に根付いた処世訓にしたところがミソで、それらを「プーア・リチャード（Poor Richard、「貧しいリチャード」の意）」なる架空の、大層うだつの上がらない小市民が語ったという体で面白可笑しく提示して見せたのだから、これが評判にならないわけがない。
では、その「プーア・リチャード」が語る格言とはいかなるものかと言うと、ざっとこんな感じ……。

眠っている狐には、鶏は一羽も捕まえられぬ
寝たいなら、墓場に入ってからたっぷりと
今日の一日は、明日の二日の値打ちあり
楽しみは、逃げればかえって追ってくる
羊と牛が一頭ずつ財産になった日から、だれもが、おはようと挨拶してくれるようになる
台所が肥えれば、遺言書が痩せる
塵もつもれば山となる
自分の足で立っている農夫の方が、座ったままの紳士より背が高い
貸主は、借り主よりもよく覚えている
かまどを二つ築くのはやさしいが、かまど一つに火を絶やさないでおくのは難しい

「プーア・リチャード」の口から次々とこぼれ出る格言を幾つか引用してみたが、その言わんとしていることはどれもこれも**「贅沢を抑え、堅実な暮らしをしろ」**ということ。しかし、その言い方にひ

と工夫あるというのか、諧謔とパンチの効いたものになっていて、その面白味がこの暦をベストセラーに押し上げた要因だと言っていいだろう。

しかし、そんな「プーア・リチャード」の格言の中でも最も有名なものといえば、本書第一章でも言及した初期自己啓発本の傑作、サミュエル・スマイルズの『自助論』の冒頭にも引用されたあの格言、すなわち

天は自ら助くる者を助く（Heaven helps those who help themselves.）

に止めを刺す。天の助けを得たいならば、まずは自分で努力しろ、ということだが、これはもうまさに自助努力系の自己啓発思想を代表する格言であると言っていい。なお、スマイルズの『自助論』は、**中村正直**によって**『西国立志編』**（一八七二）として訳出され、これが**福沢諭吉**の**『学問のすゝめ』**（一八七二―七六）と並ぶ日本の自己啓発本の最初期の例として、明治初期の日本の若者たちの野心と向上心を煽り立てたことについては既に第一章において述べた通りだが、その意味では日本の近代化もまた、「プーア・リチャード」の格言によってその土台が築かれたという言い方すらできる。『プーア・リチャードの暦』が、ただの暦だと言って馬鹿にできない理由がここにある。

信仰を糧に内面を見つめる——ヒルティ『眠られぬ夜のために』

では『プーア・リチャードの暦』に端を発する「日めくり式自己啓発本」は、自己啓発本の歴史の中で、その後どのような系譜を編み上げていくのか？

一年三百六十五日——否、抜け目なく閏年のことも考慮して一年を「三百六十六日」とカウントしているものも多いのだが——の日毎に啓発的な文章を提示し、もって自己啓発本として成立している類の本を考えた場合、私の脳裏に真っ先にひらめくのは、名著『幸福論』でも知られるスイスの文筆家、**カール・ヒルティ**（Carl Hilty, 1833–1909）の**『眠られぬ夜のために』**（*Für Schlaflose Nächte*, 1901）である。

この本の世界的な成功の主要因は、何といっても、その書名自体にある。『眠られぬ夜のために』——これはもう、本のタイトルとして見事と言う他ない。何となれば、この広い世界に不眠症で悩む人が一体どのくらい居るか。何を隠そう、かく言う私自身、若い頃から不眠症に悩まされ、床に入ってから二時間、三時間というものは余裕で眠れず、悶々として輾転反側《てんてんはんそく》を繰り返す日々なのだから。そこへ持ってきて、「眠れないなら無理して眠ろうとすることはない。自然な眠りに誘われるまでのんびり本でも読んでいればいい——たとえば、この本を」という趣旨の本があったとしたら、ついつい手が伸びるというものではないか。

もっとも実際にこの本を読んでみると……うーん、かなり抹香臭い（爆！）。その点は爆笑格言集たる『プーア・リチャードの暦』とは大違い。まあ、ヒルティは敬虔なクリスチャンなので、キリストの教えを大前提に、日々、自己改善するネタを提示するという形になるのも無理からぬところなのだろう。

しかし、もちろん抹香臭いからと言って、現代の読者から見て見るべきものがないかと言えば、そんなことはない。「なるほど、いいこと言うねぇ……」と唸らされることも多々あるのだ。ということで、今風に言えば、私が「いいね」ボタンを押し、リポストしたくなった文章をいくつかご紹介してみよう。たとえば、こんな調子。

二月二十六日

人間のあらゆる性質のなかで、最良のものは誠実である。この性質は、ほかのどんな性質の不足をも補うことができるが、この性質が欠けているとき、それをほかのもので補うわけにはいかない。

ところが残念ながら、この性質は人間にはむしろまれで、かえって動物の方にしばしば見られる。したがって、この大切な点で、人間は実は動物にまさっているわけではない。もし他のどんな点よりもこのことで人間がまさっているとすれば、すべての生物の段階的進化の説の成立を、私も承認するであろうに。

また感謝するということでも、一般的にいって、人間は他の高等動物よりもかえって劣っている。だから、他人の感謝を当てにしないがよい。しかし、あなた自身はつねにその名誉ある例外であるように努めなさい。（後略）

七月六日

あなたは一体何を欲するか。本当に落着いたときに、あなた自身にそれをたずね、そ

して正直に答えなさい。あなたは、働くこともいらず心配もないような、朝から晩まで享楽三昧《さんまい》の豪奢な生活を——もちろんそれを享受するだけの欲望と力とをつねに備えてのことだが——、たとえばマホメット教徒の空想するような天国に近いものを、願うであろうか。しかし、そんな生活は、現代の文明社会では、どこにももはや存在しないだろう。とにかく、あなたの境遇では、とうてい望めないものだろう。そんならむしろ仕事をもった生活を、しかし確実な導きのうちに、ひどい心配もなく、ほとんど変りのない心の晴やかさと落着きをもって続けることのできる生活を、なぜ欲しないのか。このような生活ならば、だれでも持つことができる。ただ、それを断固として欲し、そして与えられたその道を進まねばならないだけである。（後略）

九月十一日

いわゆる人間愛は、すべて神に対する強い愛という根底がなければ、単なる幻想であり、自己欺瞞にすぎない。なぜなら、そんな場合は、ただ最も愛すべきものだけを愛するか、自分を愛してくれる者を愛するかにとどまり、いつでも、この前提条件がなくなったと思われるときは、驚くほど早く、愛を減らすか、あるいは全くそれをやめてしまおうと決心するからである。それとも、人間愛とは要するに、かなり冷淡な一般的好意をあらわす、やや美しい言葉にすぎない。それはむしろ、本来、猛獣ですら満腹すればその周囲に対して示すくらいの非攻撃的な態度のことである。（後略）

十一月六日

実に理解しにくいことではあるが、しかし一旦それを理解すると、われわれの思考全体がそれによって大きな影響を与えられるのは次のような考え方である、すなわち、いきいきとした幸福感は、つねにただ新しい仕事や労苦、新しい悲しみを迎えるための元気づけや準備となるべきものであり（クロムウェルのいわゆる報酬の前払い）、一方、つらい試煉や意気消沈はいつも新しい、より大きな浄福と神の力とが加えられるための入口だということである。これが分れば、不幸に出会っても落着きを失わず、幸福であってもまじめで思慮深くなる。

うーむ、深い！　こういう含蓄のある文章の一つ一つを反芻していれば、眠れない夜の苦しさもいくらかは減じてくるような気がするではないか。

女性読者は心のライフハックを求める

ところで、日めくり式自己啓発本の系譜を考える上で、私の脳裏にヒルティの『眠られぬ夜のために』のことが真っ先に浮かんだのは、これが私の母方の祖母の愛読書だと知っていたから。明治生まれの祖母は、当時としては珍しく、ミッション・スクールである青山女学院で高等教育を受けたインテリで、そのせいもあってこの本の抹香臭さもあまり気にならず、これを文字通り枕頭の書としたのであろう。また、祖母がそうであったということからして、明治末期（＝二十世紀初頭）に生まれた日本人の中で、少なくともある程度教養のある人々の間では、ヒルティのこの本は相当読まれていたのだろうと推測しても、当たらずと雖《いえど》も遠からずなのではないか。

またそのことに加え、私の祖母が日めくり式自己啓発本の愛読者だったということについても、少しだけ考えてみる価値がある。というのは、後述するように日めくり式自己啓発本の中で、近年ベストセラーになったものの多くが、女性ライターによる女性読者向けのものであったから。日めくり式自己啓発本というのは、どうやら女性読者に特にアピールするものらしいのだ。

それはなぜなのか、私も考えてみたのだが、一つには、日めくり式自己啓発本特有の穏やかさが関与しているのではないかと。

通常、自己啓発本というのは、「無一物から億万長者へ」といったような飛躍的かつ急速な身分上昇を読者に指南しがちなもの。こういうタイプの自己啓発本は、功名心旺盛な男性読者に人気があり、またそういう本を書く著者に対しては、著者自身がそのような飛躍的・急速な出世を遂げた実績を持っていることが求められる。

一方、日めくり式自己啓発本は、そうした目覚ましい出世をするためのアドバイスが載っているというものではない。むしろ何気ない日々の生活の中でほんの少し心持ちを変えることで、その分だけ心が晴れ、元気が出てくる、そんな「心のライフハック」的なものこそが、日めくり式自己啓発本のキモなのだ。そしてそうした静謐な自己啓発本を書くとなると、これはもう女性ライターの独壇場ということになる。女性自己啓発本ライターが女性読者を想定して日めくり式自己啓発本を執筆し、それが実際、女性読者に受け入れられるという一連の流れが出来上がっていることの背景には、おそらく、こうしたことがあるのではないか。

ウーマン・リブ時代の日めくり式自己啓発本『マインド・カレンダー』

そんな「女性向け日めくり式自己啓発本」の好例が**シャクティー・ガーウェイン**（Shakti Gawain, 1948–2018）の**『マインド・カレンダー』**（*Reflections in the Light: Daily Thoughts and Affirmations*, 1988）である。

この本について語る前に、著者のシャクティー・ガーウェインについて一言しておくと、この人は「シャクティー」というヒンドゥー教っぽい名前を名乗っているものの、本名は「キャロル・ルイーザ・ガーウェイン」で、ちゃきちゃきのカリフォルニア・ガールである。地元カリフォルニア大学を卒業してまだそれほど間がない一九七八年に**『クリエイティブ・ヴィジュアライゼーション――人生であなたが手にしたいものを生み出す想像力の活用法』**（*Creative Visualization: Use the Power of Your Imagination to Create What You Want in Life*）という本を書いて一躍有名になったのだが、この本のタイトル自体が端的に示しているように、この人はずばり、引き寄せ系自己啓発本ライターである。何しろこの本が出た一九七〇年代後半と言えば、「ウーマン・リブ（＝女性解放運動）」がアメリカ社会に定着し、女性は主婦として家を守るだけでなく、男性同様、社会に出て自己実現することが奨励されていた頃。「なりたい自分になろう！」という掛け声が女性たちの間に広まっていた時代なのだから、『人生であなたが手にしたいものを生み出す想像力の活用法』という本は、コンセプトからして時代に合っていたのだ。
大分前置きが長くなったので、そろそろ『マインド・カレンダー』の内容をご紹介しようと思うのだが、冒頭、すなわち「1月1日」の項目からしてガーウェインはエンジン全開である。

1月1日
ものすごくエキサイティングでパワフルなこの時代。意識の深いレベルで精神的な変化が起きているから。世界中でみんなが今までの生き方を捨てて、まったく新しい生き方をつくろうとしている。古い世界を捨てて、そこに新しい世界をつくっているまっさいちゅう、っていうわけ。だからそういう中で、あなたもどんどん変わる。
変化はあなた一人からはじまるけれど、あなたが変われば、あなたの友達だってみーんな変わる。そうやってたくさんの意識が影響されていって、その結果が、わたしたちのまわりの世界にはっきり表れてくるのよ！

2月9日
わたしたちは誰でも、自分自身の独自の道での天才。自分で作った基準に従ったり、ほかの人の真似をすることはもうやめよう。かわりに自分自身でいることを学び、生来のチャンネルをオープンにしておく。そうすれば自分だけの特有の天分が見つかる。それがあなただけが持っている、世界に貢献するための特別なもの。ほかの誰も持ってい

ない、あなただけのものよ！

3月3日

今までたくさんの人が、けっこう無意識にクリエイティブ・ヴィジュアライゼーションのパワーを使ってきた。でも、誰にでも人生に対するネガティブな概念っていうものが根強くあるものだから、そのパワーをネガティブに使ってしまうの。欠乏、限界、困難など、人生にかかえきれないほどのトラブルを機械的に、無意識に、予期したりイメージしたりしてね。つまり多かれ少なかれ、わたしたちはこういうことを自分自身でつくっている、っていうわけ。

これからは精神の力を意識的に使うのよ。自分の人生に、自己愛やあり余る富、限りない自由、そしてよろこびを創造するチャンス！

4月17日

自分の身体を尊重するようになると身体は変化して、より軽く、より強くなり、そしてラインがはっきりしてきれいになる。身体の中を輝く光が通るみたいな感じ。あなたの人生はあなたの創造であり、あなたの変貌を写す鏡。だからあなたの人生において形のあるものはすべて、あなたの精神力と美を表わしているの。

ご覧の通り、翻訳の文体の影響もあるとはいえ、ガーウェインのメッセージというのは総じてテンションが高い。そしてこれ以降もずっとこのハイテンションをキープしたまま、「自分が変われば、世界が変わる」というインサイド・アウトな引き寄せ系自己啓発言説が日ごとに発信され、それが世の女性たちを大いに鼓舞したのである。

実際、ガーウェインのこの本は、自己実現を目指す世の多くの女性たちに支持されてきた。たとえばロンドン出身のシンガー・ソングライターであるデズリー（Des'ree）の大ヒット曲「You Gotta Be」（1994）は、ガーウェインのこの本にインスパイアされたものである。事実、「You Gotta Be」のサビの歌詞を見ると、「あなたならなれる、ワルにも、大胆にも、賢くも、厳しくも、タフにも、強くも、クールにも、穏やかにも」とあって、実に「引き寄せ」っぽい。日めくり式自己啓発本『マインド・カレンダー』の教えが名曲「You Gotta Be」を生み、ついでこの名曲が世の女性たちをポジティブな方向に引っ張っていく……こうして引き寄せ系自己啓発思想は、ジワリジワリと世の女性たちの思考回路に浸透していくというわけだ。

日々の暮らしを見つめなおす『シンプルな豊かさ』

かくしてシャクティー・ガーウェインの『マインド・カレンダー』は、「日めくり式自己啓発本」としてベストセラーとなったのだが、実はこの本以上に売れた女性向け日めくり式自己啓発本の決定版ともいうべきものがある。それが**サラ・バン・ブラナック**（Sarah Ban Breathnach）の『**シンプルな豊か**

さ』(*Simple Abundance: A Daybook of Comfort and Joy*, 1995)。何しろこの本、二十八か国語に翻訳され、現在までトータル五百万部が売れているというのだからすさまじい。

この本の著者であるブラナックは元々女優志望だったのだが、その夢が破れた後ジャーナリストに転じ、十九世紀ヴィクトリア朝時代の人々の暮らしぶりを綴った本を二冊上梓して評判になったところで「燃え尽き症候群」に陥ってしまう。が、それがかえって自らの人生を見直すきっかけとなったのか、彼女は名声や金を求めてあくせくする生活を手放し、心機一転! もっとゆったりとした人生の味わい方を追求するようになる。で、そうした自らの人生改革の軌跡の副産物として生まれたのが『シンプルな豊かさ』であった、というわけ。

そんな具合で世に出ることとなったこの本は、基本的には「(女性向け)日めくり式自己啓発本」であって、一年三百六十六日の各日に一つの文章が割り当てられ、毎日その日の分の文章を読んでいくと、ちょうど一年で読み終わるという作りになっている。しかし、その一日分の文章の分量は、『眠られぬ夜のために』や『マインド・カレンダー』のような通常の日めくり式自己啓発本と比べて余程多いので、本全体の読み応えとしては重量級。量的側面から言っても、このジャンルでは飛び抜けた存在だ。

では内容面は? この本にはどのようなことが書かれているのか? この点については冒頭近く、「1月3日」の項にブラナック自身が説明している箇所があるので、それをそのまま引用しよう。

1月3日

今日は、あなたがすでに夢を実現させるのに必要な知恵、力、創造性を内に秘めていることに気づいてほしいのです。この無限の内なる力は、児童のお迎え当番、締め切り、請求書、出張、洗濯物などの下に埋もれていて、日常生活ではなかなか触れることができないので、その存在に気づきにくいのです。内なる力に近づけないと、幸福と充足感は外側の事柄からのみもたらされるという、誤った結論に達します。なぜなら外側の事柄はたいていなんらかの変化を伴うからです。それで忙しく暮らす間に、自分の外にある状況を前進または後進のはずみとして、頼るようになったのです。でももうそんなことはしなくてもいい。わたしたちは自分自身の変化の触媒になることを学べます。

『シンプルな豊かさ』の中心に、魂を震わせるような、まことの目覚めがあります。あなたはすでに心から幸せになれるために必要なものを、すべて持っています。その目覚めに達するには、感情的、心理的、精神的変化をもたらす心の旅をしなければなりません。その現実認識の変化は、天の創造的エネルギーとひとつになって訪れます。そんな変化はあなたが大いなる存在を招きいれて、すでにあなたが持っている豊かさを自覚したときに可能なのです。

この一年間、心の旅をするにあたり、道案内となる六つの原則があります。それは豊かな人生の六本の糸で、それを編みこむと、充足感のタペストリーができあがり、わたしたちを心の平和、喜び、幸福、安心感で包みこむのです。六原則の第一は「感謝」です。わたしたちが持っているものの、精神的霊的棚卸しをしてみると、自分がいかに豊かであるかに気づきます。感謝の念は「簡素」につながります。すべてをそぎ落として、剝き出しにし、いい生き方をするために欠くべからざるものは何かを悟ろうと望むようになります。「簡素」から、心の内にも外にも「秩序」がもたらされます。生活に秩序があると、「調和」が生じます。調和は、日常生活にある美を楽しむのに必要な心の平和を与えます。そして「美」は「喜び」につながるのです。でも美しいタペストリーになると、どこから糸が始まりどこで終わっているのかもう見分けられません。『シンプルな豊かさ』でもそれは同じです。

　わたしと一緒に針を持ち、あなたの人生のカンバス地に最初のステッチを刺してみませんか。大いなる存在を招き入れて、あなたの心の目を開けましょう。期待を胸に静かに待ちましょう。今日のあなたのわずらわしい日常生活の布地に、明日の豊かな生活という黄金の糸があることを信じましょう。


　右に挙げたブラナック本人による説明にもあるように、この本は**「感謝」「簡素」「秩序」「調和」「美」「喜び」の六原則**を、それぞれ二か月かけて読者各々の生活に取り入れていく、そのノウハウを指南することを第一の目的としている。その六原則のすべてが揃えば、「天の創造的エネルギー」と一体化することが可能となり、名声や金を追い求める従来型の成功哲学ではとても望めないような、素晴らしく充足した人生が始まるというわけなのだ。

　とはいえ、六原則を習得するというのは大雑把な目標であり、二か月間ぶっ通しで単一のテーマについて手を変え品を変え書いてあるわけではない。この本の書きぶりは、何かの指南書というより、むしろ「暮らしのエッセイ」といった趣。ただ、そののんびりとしたエッセイ風の文章の中に、やはり何かしらの提案というか、「今日はこういうことを心掛けてみてはいかが?」という程度の示唆はある。たとえばこんな感じ。

2月25日

わたしの知っている女性の多くは、最優先させるものがたったひとつしかありません。その日を無事切り抜けることです。それは何十年間も毎日二十四時間を無数の方向に引き裂かれながら過ごして来た結果なのです。随筆家でパイロット、妻、母親であるアン・モロウ・リンドバーグは、それを女性を引っ張る「今日という遠心力」と呼んでいます。しかし一日に目的を持たせるために、優先すべきものを認め、順位を定めることは、自分の信念に従った生き方を学び取りたいなら、ぜひともしなくてはならない、大事な心の作業なのです。

優先すべきものとは、あなたにとって大事であれば何でもいいのです。子供の学資として計画的に貯金を始めるなら、それが優先すべきものです。食事や運動で健康と活力を増進させたいなら、それもそうです。金銭面での心の平安を得たいのも、家庭を守って愛のある幸福な結婚生活を続けたいのもそうです。

優先事項は大理石に刻まれているのではありません。それはわたしたちが変わるにつれ、柔軟に変化しなくてはならない。わたしは優先事項を日常生活というカンバスを張る木枠と考えると、わかりやすいと思いました。制作中の芸術作品に色や形を加えていけるし、描いている途中で油絵がよじれることもありません。

大切な優先事項を探し出し、順位を決めるには、心が落ち着き、頭がさえていないとやりにくいものです。だからわたしたちはぐずぐずと引き延ばしているのでしょう。それでも子供や仕事、家庭、結婚生活、自分を表現したい望みなどで自分の生活と気持ちが分裂していればいるほど、何が大事かを見極める必要があります。

その場しのぎでずっと暮らしていけるとわたしたちは思いがちです。そうはいきません。自分を見失わせる、忙しくわずらわしい生活に対する解毒剤が必要なのです。アン・モロウ・リンドバーグの助言に従って、毎日自分のための時間を少しだけ取ることを、あなたの優先事項にしましょう。「一人で過ごす静かなひととき、瞑想、祈り、音楽、考えたり読書したり、勉強したり働いたりというような心を集中させる作業。それは肉体的、知的、芸術的、どんなことであれ、自己から流れ出る創造的な時間であればいい。遠大な計画や大きな仕事であるには及ばない。だが自分のものでなければならない。朝花瓶に花を活けるだけで、忙しい一日に静かな心をもたらす……大事なのは、しばらく心が内を向くということなのだ」

今日は心の静寂に触れることを、第一に優先させましょう。そうしている間に、ほかのことの順位がおのずと見えて来るのに、びっくりするでしょう。

10月21日

比較は抵抗しにくいものですが、無害そうに見えて有害で、腹立たしく、しかも自ら選んだ拷問である場合が多いのです。

今日は隣人の夫、スタイル、家庭、衣服、収入、キャリアを羨まないことについて考えましょう。むろん隣の女性の教養、業績、賞、称賛、名声をそねんではなりません。いらいらとして心が不安定になる引き金となるのは、たいてい、ある特定の一人の女性の恵まれた状況です。世間の大多数が自分より恵まれていようがわたしたちは気にしませんが、その「女性」が持っていて自分が持っていないときに、気になるのです。敵意の対象となる人物を個人的に知らない場合が多いのですが、活字でどんな人生を送っているかを知っています。わたしたちはひそかに新聞や雑誌を読みあさって、その女性の幸運の証拠を積み上げます。あるいはその女性があなたの友人（同情します）の場合もあるでしょう。そのときはあなたの今持っていないものすべてについて、直接聞かなければならないので、恐ろしいことになります。その女性が誰であれ、それは姿を変えた悪魔です。なぜならあなたは自分の人生、成功、銀行通帳、自己評価をすべて何が何でも彼女と比べて決めるからです。（中略）

これはよくありません。これは知的ではありません。わたしたちは大人の女性です。こんなことは超越しています。そうでしょう？

そうでなくても、とにかく、比較はいろんな意味でわたしたちを傷つけます。わたしたちの自信をぐらつかせます。創造的エネルギーの流れをせき止めます。大いなる電力への回路をショートさせます。自尊心を失わせます。骨髄から生命力を抜き取ります。そねみは心の聖なるものを壊します。ほかの女性と比較するのはやめて、濡れた革鞭で意識を失うまで、自分を打ちのめしたらどうですか？　肉体的苦痛のほうが、精神的に自分をいじめる場合よりも回復しやすいのです。

今度自分の人生を誰かと比べたくなったら、ちょっと待ってください。精神的な次元では競争はないのだ、と自分に何回となく言い聞かせなさい。あなたの宿敵が受けた恵みは、あなたのためにわざわざつくられた幸運をすべて虚心に受け入れる気持ちになりさえすれば、たちまちあなたのものになり得るのです。

それはいつになるのでしょうか？　あなたがひそかに嫌っている女性を祝福できるようになったときです。その女性の幸福と成功を自分のもののように感謝できるようになったときです。なぜならそれはすべて真の人生の豊かさを示しているからです。

11月21日

今日はカレンダーを目の前に置いて考えましょう。一週間はどんな様子ですか？　あなたが一時的に手を止めても、あなたの世界の回転が止まらないで済む日はいつですか？　よろしい。ではそこに「精神的健康の日」と書き込みなさい。

一日学校を休むために、ハイスクールで「精神的健康」を申し立てたことを覚えていますか？　あの習慣を復活させるときです。病気欠勤を主張するのに心の咎めを感じてはいけません。それは予防処置なのです。わたしはときどき、自分が女性医学の専門医だったら、と思います。そうしたら驚く患者全員に一日ずる休みをしなさい、という処方箋を書くでしょう。ずる休みは健康に必要不可欠だと患者に説きます。そして現実生活から休みを取れる正式の書類を渡します。大人がつらい存在である重大な理由の一つは、仕事、結婚生活、母親の看病、車のお迎え当番を欠席する手紙を書いてくれる人が誰もいないからです。心配しなくてもいいですよ。わたしが欠席届を書いてあげましょう。わたしのはあなたが書いてくれますか？

　ずる休みは、座り込んで動けないのとは違います。なぜなら座り込んで動けないときは、もう我慢できないから、病気欠勤をしたり休暇を取るのです。そのときは「ずる」をする気力がありません。ずる休みの場合は「ずる」という語が決め手であって、それについては真の自己以外誰も知りません（あるいは一緒にずる休みを取る友人以外は）。夫を仕事に送り出し、相手が誰であれ明日に延ばすと電話をかけ、子供たちを保育園へ連れていきなさい。あなたが自宅にいるのなら、ベビーシッターを呼ぶか、ほかの母親とずる休みの日を交代で取り合う約束をしなさい。

　さて約八時間が自分のものとなりました。何でもいいからものすごく軽薄で、勝手気ままなことをしなさい。体にクリームを塗って布を巻くタイプの美容術、ペディキュア、念入りな化粧、フェーシャルマッサージをしてもらいましょう。アロマテラピーのマッサージをおごりましょう。旅行者の気分になって、近くの名所を楽しみましょう。映画に行きましょう。遠くの店でランチを食べましょう。家にいてメロドラマ、バラエティ番組、昔のホームコメディ、あるいはケーブルテレビで映画を見ましょう。《フェリスはある朝突然に》を借りなさい。膝にゴディヴァのチョコレートの小箱をのせて、すばらしい小説を最後まで読みなさい。電話に出てはいけません。しなければならないことではなく、したいことだけをしなさい。子供を迎えに行き、自分の好きなテークアウトの食べ物を買いなさい。一日が終わったとき、あなたは自分の魂を大切にすることを成し遂げたのです。

怠惰を贅沢に楽しみなさい。「やることが山のようにあるときでないと、怠惰を心から楽しむことは無理である」とヴィクトリア朝時代のイギリスの作家、ジェローム・K・ジェロームが告白しています。「何もすることがないときに、何もしないのは全然おもしろくない。キスと同じく怠惰も甘美なのは盗んだときだ」

サラ・バン・ブラナックが『シンプルな豊かさ』という本を通じて読者に伝えようとしているのは、別に大層なことではない。でも何かほんのちょっとポジティブな変化を取り入れることで、慣れ切ってしまった日々の生活を別な角度から見直してみてはいかが、という提案がそこにはある。またそうやって固定化した価値観を少しずつほぐすことで、この世にはもっと楽で自由な生き方というものがあるし、それはあなたがそういう生き方を選択すればいいだけの話なんだよ、ということを（女性）読者に気づかせてくれる。いわば誰にでも手の届く「オルタナティヴ（＝別の生き方）」を提示している本なのだ。

シンプルな豊かさを求めるソロー『森の生活』の系譜

そのように考えると、ブラナックのこの本が、アメリカ文学の、とある「正統」に属するものであることが分かってくる。そう、「**シンプルな豊かさ**」というオルタナティヴを追求するという点において、この本は十九世紀アメリカ文学の傑作、**『森の生活』**（*Walden; or, Life in the Woods*, 1854）という本によく似ているのだ。

『森の生活』の著者である**ヘンリー・デイヴィッド・ソロー**（Henry David Thoreau, 1817–62）は、名門ハーバード大学を卒業したエリート。しかし、彼は世俗の栄光を求めるような人生行路は選ばなかった。彼は人の間よりもむしろ自然の只中に自分の居場所を見つけたのである。そしてマサチューセッツ州コンコードにある小さな湖「ウォールデン池」の畔に建てた方丈の小屋に移り住んで二年もの間自給自足の生活を送り、そこで日々考えたことなどを『森の生活』というエッセイ集にまとめて出版した。つまり、自分を世間から一旦切り離し、他人と比べたり他人の評価を気にしたりすることなく、自分流のシンプルで豊かな生活を送る実験をして、そのことが自分自身の人生をどう変えたかを伝えることで、人々にもそのような生き方――オルタナティヴな生き方――を推奨したのだ。

となると、それはサラ・バン・ブラナックが『シンプルな豊かさ』で試みたこととほぼ同じことであると言っていい。実際、ブラナック自身、『シンプルな豊かさ』の末尾近くの12月29日の項に「ときどき――今日がそうなのですが――わたしは本書を『森の生活』の女性版だと思うことがあります」と書き記しているのも、故無きことではない。

無論、ソローの『森の生活』は、日めくり式にはなっていない。日々の思索の記録とはいえ、それを記した日付はいちいち書いてない。しかし、一八三七年に尊敬するラルフ・ウォルドー・エマソン（本書第二章参照）から「あなたは日記をつけていますか？」と尋ねられたことがきっかけとなって、日記をつけることがソローにとって非常に重要な文学的営為となっていたことを考慮に入れると、『森の生活』がソロー自身の日記をベースとして書かれたのではないかと推測しても少しもおかしくないし、仮に『森の生活』が日付を入れた日記形式で書いてあったとしたら、それは紛う方なく「日めくり式自己啓発本」と見なされたであろう。でまた、そういう風に考えると、アメリカで人気の日めくり式自己啓発本は、ソローに端を発する一つの文学伝統に連なっていることになるのではないか。

否、日めくり式自己啓発本だけではない。たとえば**グレッチェン・ルービン**の『**人生は「幸せ計画」でうまくいく！**』（Gretchen Rubin, *The Happiness Project*, 2009）であるとか、**アリアナ・ハフィントン**の『**サード・メトリック**』（Arianna Huffington, *Thrive: The Third Metric to Redefining Success and Creating a Life of Well-Being, Wisdom, and Wonder*, 2014）など、女性著者が書いた女性向け自己啓発本を読んでいて、「これは、要するに、ソローだよな……」と思わされたことが、私には何度もあった。それは、その女性著者たちがソロー的であったというよりは、むしろソローという偉大なるアメリカ男性作家が、案外、女性的であったからかもしれないが、とにかく、女性著者の書く（日めくり式）自己啓発本の中にソローの系譜を読み取ることは決して難しくない。

私が日めくり式自己啓発本を高く評価していることの背景には、実はこういったアメリカ文学特有の伝統があるからなのだ。

日本の日めくり式自己啓発本の傑作『日めくり　まいにち、修造！』

本章では洋モノの日めくり式自己啓発本ばかり取り上げてきたが、もちろん、我が国にもこの種のものは色々ある。そこで、この機会に少しだけ日本の日めくり式自己啓発本のことに言及しておこう。

日本における日めくり式自己啓発本の例としては、古いところで室町時代までに成立した兼好法師の『徒然草《つれづれぐさ》』が挙げられる……などと言うと、国文学の専門家に怒られるだろう。が、先に挙げたヘンリー・デイヴィッド・ソローの『森の生活』の諸編に日付が振られていたら、あれもまた日めくり式自己啓発本と言えるのではないか、というのと同じ理屈で、仮に『徒然草』全二百四十三段の各段に日付が振られていたら、私はこの本こそ我が国の日めくり式自己啓発本の最初期の一例であると言ってもいいのではないかと思っている。評論家の加藤周一は、『徒然草』が多面的な話題（よしなしごと）について、「心に移り行くままに」書き留めているという点において、この本を「意識の流れ」を描くモダニズム文学に見立てることができると評したそうだが、『徒然草』をモダニズム文学と強弁するくらいなら、むしろこれを「土日を除く週五日読んでいって、ちょうど一年で読み終わる日めくり式自己啓発本」に分類する方が、より多くの方々の賛同を得られるのではないかと思うのだが、読者諸賢のご意見やいかに？

もっとも、そんなことを言っていると、ならば清少納言の『枕草子』や鴨長明《かものちょうめい》の『方丈記』だって……などと話がどんどん広がってしまうので、ここではより厳密な意味での日めくり式自己啓発本に限って見ていくことにするが、たとえば岩波新書青版の名著、**桑原武夫編『一日一言——人類の知恵』**などは、この文学ジャンルの典型と言えそうだ。この本、一九五六年に初版が出て以来、現在までに七十七刷が出ている超ロングセラーだが、「人類の知恵」という副題が示している通り、一年三百六十六日の各日を世界の偉人一人一人に割り振って、その偉人たちの発した言葉を載せ、これを拳拳服膺するよう読者に促すという趣向になっている。たとえばこんな感じ。

1月14日
人間の意識の最も直接的な事実は、「我は、生きんとする生命に取りまかれた、生きんとする生命である」ということである。……「生への畏敬《いけい》」は、価値を創造し、進歩を実現し、個人および人類の物質的、精神的、倫理的な発展に仕えんことを志す。……われらすべては人間性を救うために、環境と戦わねばならぬ。また多くの人々が不利な社会状態の中にあって人間性のために戦っている、ほとんど希望なき悪戦を、ふたたび希望あらしめるために、力をつくさなければならない。

（シュヴァイツァー、わが生活と思想より）

2月20日

「闇があるから光がある。」そして闇から出てきた人こそ、一番本当に光の有難さが分るんだ。世の中は幸福ばかりで満ちているものではないんだ。不幸というのが片方にあるから、幸福ってものがある。そこを忘れないでくれ。だから俺たちが本当にいい生活をしようと思うなら、うんと苦しいことを味ってみなければならない。

滝ちゃん〔恋人・娼婦〕たちはイヤな生活をしている。しかし、それでも決して将来の明るい生活を目当てにすることを忘れないようにねえ。そして苦しいこともそのためだ、と我慢をしてくれ。

（小林多喜二、書簡集）

6月30日

少数者がきわめて富み、多数者がきわめて貧しいために、人びとの心がたえず自分の富もしくは貧困を考えざるをえないような社会は、じつは戦争状態にある社会である。その戦争が公然と行われているか、もしくはひそかに行われているかは問題にならない。……こうした社会は、その内部におけるさまざまの緊張状態のために安定をうばいさられることとなるから、自由な社会ではありえない。したがって、こうした社会は恐怖にみち、理性をもって事に処する力が保証されるような雰囲気がなくなってしまう。

（ラスキ、現代革命の考察）

10月4日

他人を感動させようとするなら、まず自分が感動せねばならない。

そうでなければ、いかに巧みな作品でも、決して生命はない。

芸術はなぐさみの遊びではない。それは戦いであり、ものをかみつぶす歯車の機械である。

美は表現だ。もし自分が母というものを描く場合なら、母が子供をじっと見ているところをとらえて、どうかして美しく、単純に描こうとするだろう。

（ミレー、カートライト著『ミレー芸術史』）

11月7日

私が「何をなすべきか」という問題にたいして、自分自身のために発見した答えは、こうである。

第一、自分自身に対してウソをつかぬこと、たとえ私のいまの生活の道が、理性の啓示する真の道から、いかほど遠くかけはなれていようとも、真理を恐れないこと。

第二、他人にたいする自己の正義・優越・特権を拒否し、自分を有罪と認めること。

第三、自己の全存在を働かすことによって、うたがう余地なき永遠不滅の人間のおきてを実行すること。いかなる労働をも恥じないで、自己ならびに他人の生命を維持するために、自然界と戦うこと。

（トルストイ、われら何をなすべきか）

この本を読んで私が受けた第一印象は、一言で言うと「真面目か！」である。還暦を過ぎた私ですら「誰、ソレ？」と言いたくなるような大勢の「偉人」たちの言葉がびっしり収録してあって、つくづく昔の日本人は古今東西に偉人を求め、その生き方・考え方を律儀に学ぼうとしていたのだなあ、と思わされる。外国のことにも昔のことにも、下手をすると今のことすらまったく関心がない者が多い昨今の日本の大学生の様子を見るに、実に隔世の感があるなと。

しかし、真面目な本には真面目な効能があるのも確か。この我が国を代表する日めくり式自己啓発本は、なんと、人命救助に一役買ったことがあるのだ。

これは『岩波新書の50年』という本に書いてあったエピソードなのだが、今から六十年以上も前、とある女性が人生に絶望し、死に場所を求めてふらふら歩いているうちに一軒の本屋さんに入ってしまった。そしてそこでたまたま新刊本として売られていたこの本を手にした彼女は、「2月20日」の項目に載っていた「闇があるから光がある」で始まる小林多喜二の書簡を読んでハッと我に返り、そこで自殺を思いとどまったというのだ。つまりこの本は、少なくとも一人の女性の命を救ったことになる。

大真面目な日めくり式自己啓発本には、人一人の命を救うだけの力がある――右のエピソードが真実ならば、そんな風に言ってもいいのではないだろうか。

さて、かくのごとく我が国にはかなり以前から日めくり式自己啓発本が存在していたわけだが、その後このジャンルの自己啓発本は、その伝統を今につないでいる。

否、それどころか、現在の日本が日めくり式自己啓発本の流行期の真っ只中にあることに読者諸賢はお気づきだろうか。さすがに『一日一言』的な生真面目なものは少なくなったものの、今、著名人／芸能人が面白可笑しく啓発的な一言を発するという感じの日めくり式自己啓発本がどんどん出ているのだ。

たとえば**井上裕介**の『**まいにち、ポジティブ！**』（二〇一五）、**萩本欽一**の『**欽**

ちゃんの日めくりカレンダー』（二〇一六）、ぺこぱの『毎日ぺこぱ』（二〇二〇）、飯尾和樹の『まいにち、飯尾さん』（二〇二〇）、瀬戸内寂聴の『笑って生ききる日めくりカレンダー』（二〇二〇）、有吉弘行の『365日くらやみカレンダー』（二〇二一）、アンミカの『毎日アンミカ』（二〇二一）、なかやまきんに君の『なかやまきんに君の「日めくり」パワー！ワード！』（二〇二一）、高岸宏行の『毎日「やればできる！」ティモンディ高岸の魔法の愛ことば』（二〇二二）などがその例。著者のメンツを見ると、ひとり有吉弘行さんを除いて、ポジティブ志向と思われている芸能人全員集合！　という感じである。

ちなみに、管見によれば、今日の日本における日めくり式自己啓発本隆盛のきっかけを作ったのは、何と言っても松岡修造の『日めくり　まいにち、修造！心を元気にする本気の応援メッセージ』（二〇一四）である。

この本は、その後に出た類書と同じく、著者が読者に訴えかける31個の格言が、日めくり式に綴られている。だから通常のカレンダー／暦とは異なり、年とか月は関係なく、毎月1日には「01」と番号の振られた格言のページを表に出し、翌日は「02」番のページを出し……という風になっている。では、実際にはどんな格言が並んでいるかというと……。

01「できる、できない」を決めるのは自分だ

他人から「無理だ」「諦めたほうがいい」なんて言われると、どうしても流されてしまうよね。

けれど、「諦める」と決めるのは、他人ではなく、自分だよ。

反対に、「諦めない」と決めるのも、自分なんだ。

他人は、君が積み上げてきた努力や頑張りを、一〇〇%知っているわけではない。

それを一番知っているのは、君の心だ。自分の心を信じてみようよ。そして、諦めるな。

02「考えろ！　考えるな！」

不安や迷いが尽きなくて、クヨクヨ悩んでいるのか？

僕は、自分で変えられることは考える。自分で変えられないことは、一切考えない。

人の性格や天気など、自分ではコントロールできないことは、考えたって仕方がない。

だから、心の中のノイズを整理して、本当に考える必要のあることだけに集中する。

そうすれば、前だけを見て、迷わず進んでいくことができるんだ。

03「崖っぷち、だーい好き」

人は、大ピンチの時ほど本気になり、自分の想像すら超える力を発揮できるようになる。

「崖っぷち」ほど、自分を成長させてくれるものはないんだ。

だから、僕はいつも意識的に小さな崖っぷちをつくっている。

時には、崖から落ちることもあるけれど、それでもいいんだ。

崖から落ちたら、心底悔しい。その悔しさが、次の崖っぷちに挑む気持ちにつながるのだから。

04 「心の背筋を伸ばせ！」

背筋をピンと伸ばして弱音を吐く人なんて、見たことがあるか？　下を向きながら「やったー！」と喜ぶ人なんて、見たことがあるか？

背中を丸めて下ばかり見ていると、心は後ろ向きになり、弱気な言葉しか出てこなくなる。

常に良い姿勢で顔を上げていれば、心は前向きになり、元気な言葉しか出てこなくなるんだ。

体も心も、背筋を伸ばせ！


……とまあ、冒頭の四つの格言だけ紹介してみたが、素晴らしい！　さすが今日の日本における日めくり式自己啓発本の隆盛の道筋をつけた最初のものだけあって、内容といい表現といい、素晴らしいの一語である。日めくり式自己啓発本の原点たるベンジャミン・フランクリンの『プーア・リチャードの暦』が爆笑格言集であったのと比肩するほど、非常に面白いものになっている。

実は松岡修造氏が精神面での師と仰ぐ**中村天風**（一八七六―一九六八）は、日本の自己啓発思想史の中で重要な位置にいる人であり、またその中村天風の師に当たる人は、本書第一章でも触れたアメリカの初期自己啓発思想家、**オリソン・スウェット・マーデン**であって、そういう点からいうと松岡修造氏というのは、テニス・プレーヤーとして名高いだけでなく、日米自己啓発思想史のど真ん中を行く正統派自己啓発思想家でもある。

そうしたことも含め、氏の『まいにち、修造！』は、遡れば『プーア・リチャードの暦』にまで遡る日めくり式自己啓発本の長い長い歴史と伝統の中に位置づけられる、真の傑作と言っていいものであると、私は断言しておきたいと思うのだ。

7 スポーツ界の自己啓発本

いかなるジャンルの本でも、想定読者というものがある。レシピ本であれば、毎日の献立に悩む人向けだろうし、受験参考書であれば、受験を控えた受験生がそれにあたる。句集であれば俳句好きの人向け、小説であれば小説好きの人向け、中には「ハーレクイン・ロマンス」のように、想定読者がほぼ女性に限られるロマンス小説叢書などもある。

では自己啓発本は？　自己啓発本の想定読者とは、どんな人たちだと思われるだろうか。

野心家？　その通り。特に自己啓発本がアメリカで盛んに出版され始めた十九世紀末から二十世紀前半にかけて、自己啓発本の想定読者は野心家だった。それを手にし、むさぼり読むのは、より高い社会的地位、より多い収入を求めて奮闘する人たちだったのだから、彼らをひとまとめにしてネーミングするなら「野心家」という言葉がもっとも適切だ。

だがこうした傾向も二十世紀半ば以降のアメリカでは通用しない。一九五〇年代後半以降のアメリカで、自己啓発本を手にし、それをむさぼり読むのは野心家ではない。野心家とは別のカテゴリー集団、「ベビー・ブーマー」なのである。

悩めるベビー・ブーマー世代のために『スポック博士の育児書』

アメリカのベビー・ブーマーとは、厳密に言えば一九四六年から一九五七年にかけて生まれた世代、もう少し幅広く取れば一九四六年から一九六四年頃までに生まれた世代を指す。要するに第二次世界大戦が終わって多くの兵隊たちがアメリカに復員し、待たせていたガール・フレンドとすぐに結婚、両者の間に次々に生まれた子供たち世代がベビー・ブーマーということになる。アメリカ版「団塊の世代」であって、前後の世代と比べてとりわけ人口が多い世代である。

またそうなると、この世代が戦後のアメリカ社会において、消費文化の中心となったのも当然だろう。実際、二十世紀後半のアメリカの消費文化は「ベビー・ブーマーが何を欲しがるか」ということを基準にして回ってきた。そしてそれは自己啓発本についても当てはまるので、二十世紀後半のアメリカ自己啓発本は、総じてベビー・ブーマー向けに作られてきたと言っても過言ではない。

そのような観点からすると、ここで忘れてはならないのが**ベンジャミン・スポック**（Benjamin Spock, 1903–98）によって書かれた**『スポック博士の育児書』**（*The Common Sense Book of Baby and Child Care*）のこと。ベビー・ブームの始まりと同じ一九四六年に発売されたこの本は、戦後アメリカで聖書の次に最も売れた本とも言われ、現在までに五千万部が出たという「育児系自己啓発本」の傑作だ。

ではなぜこの育児書は、それほど売れたのか？　それを解くためのキーワードは「ジェネレーション・ギャップ」である。

先に述べたように、ベビー・ブーマーの親というのは、第二次世界大戦の際、兵隊として戦地に送られた若者たちである。彼らは戦場で死ぬような思いをしてアメリカに復員してきたわけだが、帰国してみると、自分たちの親世代は過去数年間、敵の攻撃を受けることのない本国でのうのうと暮らしていたばかりか、今は戦後の好景気を謳歌して浮かれている。戦争で辛い思いをしてきた若者世代からすれば、納得のいかない話である。

で、この納得のいかない感情が積み重なって生じてきたのが「ジェネレーション・ギャップ」という奴。アメリカでは大きな戦争がある度に、戦争へ行かなかった世代と戦争に行った世代の間にジェネレーション・ギャップが生じるのが常なのだが、一九四〇年代後半のアメリカ中の新婚カップルもまた、自分たちと親世代との間にこのギャップを感じていた。

だから彼らが初めて子供を授かった時、育児のアドバイスを自分たちの親には求めなかった。自分たちは自分たちで勝手にやると。

とはいえ、初めて人の子の親になるというのは、大変なことである。夜泣きが激しい、急に熱を出した、乳をもどした、言葉が遅いようだ……と、心配の種は尽きない。そんな時、親にアドバイスを求めないとしたら、どこへ求めればいいのか？

『スポック博士の育児書』があるじゃないか！

というわけで、アメリカで第二次世界大戦後に親になった世代は、こぞってこの育児系自己啓発本に育児のアドバイスを求めた。この本が戦後のアメリカで聖書に次いで売れた理由がここにある。そしてそれはまた、アメリカのベビー・ブーマーが、赤ん坊の時から自己啓発本のお世話になってきたということでもあった。ベビー・ブーマーと自己啓発本の結びつきは、既にこの時から始まっていたのだ。

立身出世からダイエットへの転換

ちなみに『スポック博士の育児書』が、それ以前の育児書と決定的に異なる点は、この本が赤ん坊の早期自立を促していたところにある。

母親が赤ん坊に添い寝をすること、頻繁に抱っこをすること、いつまでも母乳を与えること――これらすべては赤ん坊の自立を阻害するので、止めた方がいい。赤ん坊にはなるべく早い段階から個室を与え、夜間、いくら泣いてもあやしに行かないこと。『スポック博士の育児書』には、従来の育児書にはなかったこの種のアドバイスが満載で、このアドバイスに従って育てられたベビー・ブーマーは、それ以前の世代の赤ん坊と比べ、母親とのスキンシップが断然少ないまま幼少期を過ごすこととなった。ベビー・ブーマーに愛着障害を持つ人が多いことの要因の一つとして、『スポック博士の育児書』がやり玉に挙げられることが多いのは、そうした理由による。

そのせいかどうか、ベビー・ブーマーはDNAの中にジェネレーション・ギャップが組み込まれたかのように親世代に反抗した。彼らが大学生になった頃――それは一九六〇年代後半ということになるが――、彼らは親の決めたレールの上を走ることを拒絶し、大学を自らの意志でドロップアウトした。そして親世代が勝手に始めたベトナム戦争への従軍も拒否し、徴兵カードを焼き捨てると、ラブ&ピースを標榜し、コミューンを作ってドラッグやフリー・セックスにふけった。また親世代が信じるキリスト教を捨て、インドのヨガや日本の禅などの東洋思想にかぶれる連中も急増。こうしたベビー・ブーマーの無軌道な行動は「カウンター・カルチャー」と呼ばれ、またそうした行動をとる反抗的な若者たちは「ヒッピー」と呼ばれた。

そしてベビー・ブーマー世代に属する若者たちの多くは、親世代のアメリカ人が持っていたアメリカの伝統的な価値観、すなわち「出世して、金持ちになることを是とする風潮」を嫌った。この世代の若者たちは、立身出世だとか金儲けということに、さしたる価値を見出さなかったのである。つまり若きベビー・ブーマー世代にとって、立身出世を促す類の自己啓発本は何の意味も持たない本、否、むしろ積極的に遠ざけたい本であったのだ。

ところが、一九七〇年代に入ると、事情は一変する。

一九四〇年代の半ば以降に生まれたベビー・ブーマー世代からすると、一九七〇年代というのは、自分たちがそろそろ二十代後半に差し掛かろうかという時期である。いくら自分では若いつもりでも、現役大学生はもとより、それより若いティーン・エイジャーたちが自分たちを見る目も変わってくる。要するに、下の世代から「おじさん／おばさん」扱いされる年代に入ったというわけだ。

これは、ＤＮＡの中に親世代への反抗の種が埋め込まれてきた彼らにしてみれば、耐え難い状況である。自分たちがティーン・エイジャーの頃から反発してきた「おじさん／おばさん」世代に、自分たちがなってしまった、ということなのだから。

さて、どうするか？

そうなった時に、彼らが選んだのは、歳を取ることを拒否するという「ピーター・パン戦略」だった。大人であることに何のメリットも感じていないベビー・ブーマーからすれば、当然予期されるべき反応である。

そしてそんなピーター・パン化したベビー・ブーマーが最初に試みたのは、「痩身」であった。年齢が目に見える形で表れるのは体型なのだから、いつまでも若々しくあるためには、まずもって痩せなければならない。では、痩せるには、どうすればいい？

ここで満を持して登場してきたのが、「痩身系自己啓発本」。そう、立身出世にも金儲けにも興味がなかったベビー・ブーマーが最初に手にした自己啓発本は、痩せ方指南の本だったのである。

痩身を売りにした自己啓発本の嚆矢は、一九六一年に出版された**ハーマン・トーラー**（Herman Taller, 1906–84）の*Calories Don't Count*（**『カロリーなんてこわくない』**の意）という本。カロリーの過剰摂取を戒めてきた従来の栄養学の常識を覆し、サフラワー・オイルなど多価不飽和脂肪酸の多い食物を摂ることで体内の脂肪を燃やすことを提唱し、百万部のベストセラーとなった。また一九六七年には**アーウィン・マックスウェル・スティルマン**（Irwin Maxwell Stillman, 1896–1975）と**サム・シンクレア・ベイカー**（Samm Sinclair Baker, 1909–97）の共著になる*The Doctor's Quick Weight Loss Diet*（**『医者が勧める即効ダイエット』**の意）が出て、こちらは五百五十万部が売れた。

そして一九七〇年代に入ると、痩身系自己啓発本の全盛期がやってくる。たとえば一九七二年の*Dr. Atkins' Diet Revolution*（『**アトキンズ博士のダイエット革命**』の意）や一九七五年の*The Save-Your-Life Diet*（『**ダイエットがあなたを救う**』の意）、あるいは一九七六年の*The Last Chance Diet*（『**土壇場ダイエット**』の意）や一九七八年の*The Complete Scarsdale Medical Diet*（『**スカーズデール式ダイエット**』）など、もはやこの時代の痩身系自己啓発本のタイトルに「ダイエット」という言葉が付いてないものはないと言い切れるところまで、ダイエット本はアメリカに定着する。

ジョギング／ワークアウトの登場

しかし、痩せるということが一九七〇年代のベビー・ブーマーの一大テーマになった時、食事に気を遣うだけでは限界があることもまた明らかになってくる。ただ痩せるのではなく、健康的に痩せるとなれば、適切な量と質の食事だけでなく、適度な運動が絶対に必要だったからだ。

「スポーツ」という主題が、アメリカの自己啓発思想史に登場するのは、まさにこの時である。一九七〇年代も後半に入ってベビー・ブーマーの関心がますますスリムな身体に向けられるようになるにつれ、痩身系自己啓発本の中に「スポーツ系」と呼ぶべき一連の指南書が登場し始め、それまで主流であったダイエットの指南書と人気を二分するようになるのだ。そしてそんなスポーツ系自己啓発本の中で、痩身を目指す彼らの新たなバイブルとなったのが、**ジェイムズ・F・フィックス**（James Fuller

Fixx, 1932–84）の**『奇蹟のランニング』**（*The Complete Book of Running*, 1977）という本だった。

ここでフィックスがいうランニングとは、陸上競技的な意味でのスピードを競う競走ではない。人より速く走ることを目的とせず、個々人の身体の調子に合わせて好きな時間に好きな距離だけ無理せず走ること。つまり現代の用語で言うところの「ジョギング」であるわけだが、フィックスによると、この種のジョギングを始めれば、単に贅肉が落ちて体重が減るばかりではなく、動脈硬化や心臓疾患などの身体的トラブルが改善され、さらには精神の健全さをも手に入れることになり、文字通り良いことずくめであるという。かくして走ることのメリットを語り尽くしたこの本に触発されたアメリカ中のベビー・ブーマーは、思い思いに街を走り始めた。

が、ジョギングがまだ目新しい概念であった頃、この運動に飛びついたベビー・ブーマーを襲ったのは、数々の困難だった。まず、早朝、街を走っていると犬に吠えられる。吠えられるだけならまだしも、場合によっては追いかけられる。そして周辺住民の好奇の目に晒される。中でも最悪なのは、ピックアップ・トラックの荷台に乗った若い男たちがつけ回してきて、ヤジを飛ばしてくること。特に女性の場合、そんなことをされたらたまったものではない。

そこでベビー・ブーマーの女性たちは、ひとまずジョギングを断念し、次の流行へと移った。今度は「ワークアウト」である。

ワークアウトを全米に広めるきっかけとなったのは、著名な映画女優でもあり、またカウンター・カルチャー・ムーヴメントの闘士としても名を馳せた**ジェーン・フォンダ**が一九八一年に出した**『ジェーン・フォンダのワークアウト』**（Jane Fonda, *Jane Fonda's Workout Book*）という本であり、またその翌年に出たビデオ版である。カロリー消費のために激しい運動をするとなれば、当然、ある程度の辛さは覚悟しなくてはならないわけだが、ジェーン・フォンダの本とビデオが提唱するワークアウトは、少なくともヴィジュアル的には辛さとは無縁。派手なハイレグ・レオタードを身にまとい、ノリのいい音楽をかけながら輝くような笑顔で行うワークアウトは、従来の「辛い運動」のイメージを一新するのに十分で、この時代、アメリカ中の二十代から三十代の女性たちはこぞってレオタードを身にまとい、文字通り痩身のために浮き身を窶《やつ》したのだった。「そよ風の誘惑」で淑やかにデビューしたはずのオリビア・ニュートン＝ジョンが一九八一年十一月に「フィジカル」という曲を出し、いきなり従来のイメージを覆すヘアバンド／ハイレグ・レオタード姿でビデオに登場して男性ファンの目を白黒させたことには、その背景としてこの時代のアメリカにおける空前のワークアウト・ブームがあったのだ。

勝ち負けを競わないスポーツ

ところで、ジョギングとワークアウトという痩身系スポーツに共通することは何か？

それは「勝ち負けがないこと」である。ジョギングもワークアウトも、参加している人々は勝ち負けを競っているわけではないのだ。だが考えてみれば勝ち負けのないスポーツに多くの人々が熱中するということ自体、珍しい現象ではある。少なくともアメリカでは、かつてそのようなことはなかった。

「アメリカ三大スポーツ」といえば、野球・フットボール・バスケットボールの三つ。どれも得点を競い合い、勝ち負けを決めるスポーツだ。そもそもスポーツというのは勝つか負けるかを競うところに面白さがあるわけで、競技者はもちろんのこと、ファンの側にしても贔屓のチームが勝つか負けるかに一喜一憂してこそスポーツの醍醐味がある。

また、アメリカで人気のあるこれらのスポーツは、「強い者が勝つ」という意味で、あるいは「強い者を称賛する」という意味で、アメリカ社会の縮図でもあった。強い者が勝つ。弱い者は負ける。強い者は出世する。弱い者は出世できない。だから強者にならなくてはならない――これはアメリカン・スポーツの原理であると同時にアメリカン・ドリームの原理であり、それはまた昔ながらの自己啓発本の発想でもある。

ところが先にも述べたように、そうしたアメリカの伝統的な価値観をベビー・ブーマーは嫌った。彼らは実社会における出世競争に参加することを拒否したごとく、スポーツの上でも勝ち負けを決めることに抵抗した。彼らが勝ち負けのないスポーツであるジョギングやワークアウトに身を入れた背景には、こうした世代特有のメンタリティがあったのだ。そして、ジョギングやワークアウトに限らず、「フラフープ」（一九五八年発売）や「フリスビー」（一九五九年発売）といった他愛もない玩具が一九六〇年代以降になって爆発的に流行したのも、勝ち負けのないスポーツを求めるベビー・ブーマー世代の存在を背景にして考えれば納得できるし、同じく一九六〇年代の西海岸で、ビーチ・ボーイズの「サーフィンＵＳＡ」（一九六二年）の陽気なリズムに乗ってサーフィンが大流行したのも、それが人ではなく波を相手にする勝ち負けのないスポーツだったからなのだ。

東洋の神秘、ヨガの普及

しかし、一九七〇年代のアメリカで流行したのは、ジョギングやワークアウトのような痩身系スポーツばかりではなかった。この時代にアメリカのベビー・ブーマーの間で流行した非競技系スポーツと言えば、「ヨガ」と「合気道」のことも忘れてはならない。この時代のアメリカでは、痩身系スポーツに加え、ヨガや合気道といった「東洋の神秘系スポーツ」もまた、一種の流行となっていたのだ。

まずこの時代のアメリカにおけるヨガの急速な普及に関しては、**ラム・ダス**が書いた『**ビー・ヒア・ナウ**』(Ram Dass, *Be Here Now*, 1971) という本の影響に言及しなければならない。ラム・ダスとはハーバード大学の心理学准教授だった**リチャード・アルパート** (Richard Alpert, 1931–2019) の別名であるが、大学当局に無断で学生たちを巻き込んだ大規模な幻覚剤服用実験を企画した咎により一九六三年にハーバード大学を免職になったアルパートは、幻覚剤に代わる精神的起爆剤を求めてインドに旅立ち、彼の地で**ニーム・カロリ・ババ** (Neem Karoli Baba, 1900?–73) なる精神的指導者の下で修行した後、「ラム・ダス」という別人格としてアメリカに戻る。そしてインドでの経験を基に書いた東洋神秘思想のカタログたる『ビー・ヒア・ナウ』がベストセラーとなったために、ラム・ダスは一躍アメリカのベビー・ブーマー世代の「グル」となるわけだが、その『ビー・ヒア・ナウ』はヨガの紹介にも多くのページを割いており、この本がベビー・ブーマーの間で一種のバイブルとして読まれたことで、神秘的な東洋思想の体現としてのヨガへの認識が一気に高まることとなった。かくしてこの時代、ヒッピーを卒業したベビー・ブーマーは、今度はビートルズのジョージ・ハリスンが奏でるシタールの音色に陶酔しながら、思い思いのヨガ・ポーズを決め、瞑想にふけったのである。

東洋の武道、合気道の流行

もっとも、ヨガのポーズをとることによって血行促進が促されたり、リンパの流れが整ったりすることはあるにせよ、ヨガ本来の趣旨は心静かに瞑想を行うことであり、そうなるとこれをスポーツの範疇に入れていいものかどうか、悩ましいところがあるのは否めない。

そのことも含め、一九七〇年代のベビー・ブーマーの目にヨガ以上に魅力的なスポーツとして映ったのが、他ならぬ合気道であった。ヨガよりもよほどスポーツらしくありながら、日本の他の武道とは異なって合気道には勝ち負けがない。また勝ち負けを競うものではないので、試合もない。それでいてこれに上達すれば、護身術としても有用だというのだから、ベビー・ブーマーにとって合気道は理想のスポーツだったのだ。

それだけではない。合気道の本質とは、相手の「気」と自分の「気」を合わせ、相手の攻撃すら一つの円運動の中に丸く収めて、最終的には敵味方の別をなくして互いに相和してしまうというところにあるのだが、こうした合気道の思想や在り方はいかにも知的であり、かつ「東洋の神秘」っぽく、また「禅」っぽい。ゆえに合気道を修めることは、こうした東洋思想の叡智を取り込むという点において、一種、精神修養的な側面もあった。

単に健康的に痩せるためのスポーツではなく、それをすることによって東洋思想の真髄を体得することができ、しかも知的となれば、合気道がベビー・ブーマーの心を鷲掴みにしたのも当然だろう。実際、アメリカである程度の規模の町を訪れると、大抵合気道の道場の一つや二つ見かけるものだが、それは合気道なるものがいかにベビー・ブーマーの支持を得てきたかを証するものでもあったのだ。

本能を開花させるテニス指導法——ガルウェイ『インナーゲーム』

さて、ここまで述べてきたことをまとめると、二十世紀後半のアメリカにおいてベビー・ブーマー世代が自己啓発本の主たる読者層となったことの帰結として、まず一九六〇年代から「痩身系自己啓発本」の人気が上昇し始め、次いでジョギングやワークアウトを指南する「スポーツ系自己啓発本」が登場し、それらが自己啓発本の一ジャンルを形成するようになったことが一つ。また痩身/スポーツ系自己啓発本の登場に相前後してヨガや合気道などの「東洋の神秘系スポーツ」の人気が高まったことで、ベビー・ブーマーの間ではスポーツはもはや単なる痩身のための具ではなく、精神修養のための一手段という位置づけを得たということである。つまり、一九七〇年代のアメリカのベビー・ブーマー世代にとって、スポーツをすることは、とりもなおさず自己啓発的な行為となったのだ。

そしてアメリカでスポーツすることが自己啓発となった一九七〇年代の半ば、画期的なスポーツ系自己啓発本が出版されることになる。それが**ティモシー・ガルウェイ**（W. Timothy Gallwey）という人の書いた『**インナーゲーム**』（*The Inner Game of Tennis*, 1974）というテニスの教則本である。

ガルウェイは、プロのテニス・プレーヤーとして活躍した人ではない。ジュニア時代にはそこそこの成績を収め、ハーバード大学時代にはテニス部の主将を務めたものの、それが彼のプレーヤーとしてのキャリアの頂点で、その後、レッスン・プロに転じている。が、そうして素人にテニスを一から教えるという経験を積み重ねていく中で、ガルウェイは、従来のテニスの教授法には明らかな欠陥があることに気づく。

従来のテニスの教え方というのは、ラケットはこう持つ、ラケットはこう振る、サーブはこう打つ、レシーブはこう打つという感じで、一つ一つ、身体的な面からテニスの型を教えるというもの。それはごく当たり前のことであって、普通に考えたら誰しも「それ以外に、スポーツの基本を教える方法ってあるの?」と思うことだろう。しかし、ガルウェイはそうは思わなかった。そういう教え方ではダメだということに、彼は気づくのだ。何かもっと効果的な教え方があるはずだと。

では、彼はどうしたか?

ガルウェイはこの世のありとあらゆるスポーツの中で、人間が最初にマスターするもの、すなわち「二足歩行」の習得プロセスを基準にし、そこから「スポーツをマスターするとはどういうことか」を考え始めたのだ。

一般的に言って二足歩行というのは他の動物が能《よ》くしないこと、人間特有のものであって、全身のバランスを取ってすっくと立ちあがり、そのままスタスタ二本足で歩いていくというのは、考えてみれば、結構複雑なスポーツである。では、その相当に難しいスポーツを、赤ん坊はどうやってマスターするのか。

無論、母親から「右足を出して、左足をこう曲げて」などとコーチングされたわけではない。赤ん坊は、いかなる形の指導も受けずに、いつの間にか立ち上がり、いつの間にか歩き出す。歩行という高度な技術を、こともなく短期間で身に付けてしまう。

では一体なぜ、そんな奇跡的なことが可能なのか？

それを考え続けていたガルウェイは、最終的にこう結論付けた。人間の身体の中には、二足歩行のノウハウがはじめから埋め込まれていたのだと。そして赤ん坊は、無意識のうちにそのノウハウを展開していたのだと。

ならば、テニスは？　テニスだって、同じことなのではないか？　人間の内側にはテニスをプレーする本能があらかじめ埋め込まれていて、ただそれを展開させればいいだけなのに、通常、人はその内なる本能をまったく信用していないので、身体の外側から「型」を押し付けようとし、それによってかえって内なる本能の開花を阻害していたのではないか？　従来型のテニスの教え方は、教えていいるのではなくて、むしろ邪魔していただけなのではないのか？

このことに気づいたガルウェイは、以後、個々の人間の中に先天的に組み込まれているテニス・プレーのノウハウを、邪魔することなく自然に発露させる、そんな方向性のテニスの指導法を開発することになる。

ガルウェイによると、テニスというゲームには、基本的には二つの要求しかない。その要求とは「ボールを打つこと」と「ボールが敵のコート内に落ちること」の二つ。非常にシンプルである。だが、この二つの要求を達成するために手取り足取り教えるべき項目を数えたところ、「すべきこと」

が五十項目、「してはいけないこと」に至っては二百項目もあった。これらをすべてコーチが完璧に教え、受講者の方でもそれらを完璧にマスターしなければゲームが始められないというのであれば、これはもう大変な作業だ。

たとえば飛んできたボールを相手コートに打ち返すことを考えてみよう。この場合、テニス初心者に起こりがちなのは、相手コートをはるかに越えるようなボールを打ち返してしまうこと。上手にトップスピンがかからないためにそうなるのだが、ならば意図的にトップスピンをかけてやろうとボールがラケットに当たる瞬間に手首をこねくり回せば、今度はネットにかけてしまうことになりかねない。バックスイングを飛んでくるボールの位置より低くし、そこからラケットをスムーズに振り抜けば、自然にトップスピンがかかり、相手コートをオーバーすることの方がむしろ難しくなるのだが、頭では分かっていても、なかなかそういう風にはいかない。

この状況を改善するためにコーチが受講者に手取り足取り教えようとしたら、例の二百五十項目の罠につかまってしまう。これは一仕事だ。そこでガルウェイは、そういう教え方をするのをやめた。そうではなく、受講生自身に自分のストロークを観察させることにした。自分が振ったラケットがどこからスタートしてどのような軌道を描き、どの位置で、またどういう角度でボールに当たり、その結果ボールがどのように飛んで行ったかということだけに焦点を当て、まるで他人事のように観察させるのである。その際、重要なのは「今のは良かった」とか、「ダメだった」といったような判断は決して持ち込ませないこと。純粋に物理的な現象として、そこで何が起こったのかを観察させ、それを報告させるのだ。

するとどうなるか？

このように観察と報告を繰り返させているうちに、受講生自身の中に内在していた本能的な学習コンピュータが作動し始め、コーチが何も指導しなくても身体全体の動きが少しずつ修正されていって、彼らの多くが短期間のうちに上手なトップスピンのかけ方のコツを身につけるという。

赤ん坊が誰にも教わらずに歩くことをマスターするのと同様、テニス初心者もまた、彼らの本能に任せさえすれば、独りでにテニスをマスターしていくものだったのである。そしてこの場合、コーチは受講生がそうしたプロセスを経て上達していくのをただ見守っていればよかったのだ。

結局、ガルウェイが『インナーゲーム』一巻を通じて主張していることは、「他者」が「外側」から「言葉」を使って「指導」することの無意味さである。**本当の学びは、「本人」が「内側」にある真の答えを自ら「発見」していくべきもの**。そのようにして、**当人が自分の内面にある本能的なスキルを自分自身で開花させて初めて、自己実現が完成する**のであって、指導者が心掛けるべきは、そうした上達プロセスを邪魔しないことだったのだ。

かくして一九七四年に出たティモシー・ガルウェイの『インナーゲーム』は、テニス（のみならず、あらゆるスポーツ）のパフォーマンスの向上には、プレーヤー本人の「内面のスキル」の自然な開花が必要であることを解明した画期的な本として市場に迎えられ、この種の本にしては非常に珍しく『ニューヨーク・タイムズ』紙のベストセラー・リストに載り続けた。またこの本が一つのきっかけとなって、選手の内面のスキルを引き出すためのノウハウを集積した「スポーツ心理学」という学問が生まれ、その後に出る同種の本、たとえばガルウェイ自身が書いた『**インナーテニス**』（*Inner Tennis: Playing* *the Game*, 1976）や『**インナーゴルフ**』（*The Inner Game of Golf*, 1981）、あるいは**ジョージ・レナード**（George Leonard, 1923–2010）の名著『**達人のサイエンス**』（*Mastery: The Key to Success and Long-Term Fulfillment*, 1991）などを生み出す契機となったのである。

ビジネス・コーチング系自己啓発本の登場

しかし、ここで注目すべきは、単にガルウェイの気づきが「スポーツ心理学」なるものを興し、そこから数多くのスポーツ系自己啓発本が生み出されたということだけではない。それよりもさらに重要なのは、ガルウェイの『インナーゲーム』が「受講者本人の内面のスキル向上」という新しい視点を提供したことにより、これをスポーツ以外の場面——たとえばビジネス・シーンなど——に持ち込むことも可能なのではないかという発想が生まれたことなのだ。そしてその結果登場した自己啓発本の新ジャンルこそ、一九九〇年代以降、アメリカにおける自己啓発本の一つの主流ともなった「コーチング系自己啓発本」であった。

この新しいジャンルの自己啓発本の誕生に大きく貢献したのが、先のティモシー・ガルウェイの弟子筋に当たる**ジョン・ウィットモア**（John Whitmore, 1937–2017）という人物である。この人は一九六〇年代までレーシング・ドライバーをしていて、世界三大レースの一つである「ル・マン二十四時間耐久レース」で好成績を残したこともある変わり種だが、その後彼は心理学に興味を抱くようになり、ハーバード大学でティモシー・ガルウェイの指導を受けたりしながらスポーツ・コーチングの原理をマスター。その上で、運動選手がそれぞれ内面に持っている本能的なスキルを自ら開花させることによって当人のパフォーマンスを劇的に上げるスポーツ・コーチングの手法は、そのまま他方面にも応用ができるのではないかと考えたウィットモアは、会社で上司が部下を上手に統率するためのノウハウをまとめた『**はじめのコーチング**』(*Coaching for Performance*, 1992)なる本を執筆、この本はスポーツ・コーチングの手法をビジネスに取り入れた最初の自己啓発本となった。

ウィットモアのコーチング理論はガルウェイ直系。それはつまり、「コーチが仕事をするのではなく、コーチを受けている当人に仕事をさせろ」という方向性の指導法であることを意味する。部下のパフォーマンスをいかに上げるかは、上司が上から目線で命令をすることではなく、部下自身の「仕事がしたい」という内面の欲求をいかに上手に引き出すかにかかっているのだ。事実、ウィットモアのコーチング理論のキーワードは「**選択**」と「**責任**」である。**部下自身に「選択」させ、その選択に「責任」を持たせろ**、というわけだ。

たとえば、これは『はじめのコーチング』に挙がっている例の一つなのだが、「ハシゴが必要だから、君、持ってきて。用具室にあるから」と上司が部下に指示したケースを検討してみよう。

この指示は、指示自体としては非常に明確で、一見すると何も問題がないように見える。しかしコーチングの観点からすると、これは最悪の指示と言っていい。なぜなら、この上司は部下に選択の余地を一つも与えていないから。こういう選択の余地のない指示をした場合、何が起こるかというと、その部下は用具室に行き、そこにハシゴがないと分かると、手ぶらで戻ってきて、「部長、用具室にハシゴ、なかったですよ」と報告することになる。最初の指示が「ハシゴを持ってこい」だったのだから、そのハシゴが到着しなかった点において、部下のパフォーマンスはゼロである。

　では、この上司はどうすればよかったのか？

　彼は「ハシゴが必要なのだけど、誰か、持ってきてくれないか？」と指示すればよかったのである。そうすれば上司の近くにいた部下のうち、誰かが「あ、じゃあ、私が持ってきます」と言うであろう。その時点で、その部下は、自分自身でこのミッションを引き受けることを「選択」したわけだ。だから、仮にもし用具室にハシゴがなかったら、この部下は他を探し回って、最終的にはどこかからハシゴを持ってくるはず。本人が自分で選択したために、彼／彼女は自分の選択に「責任」を持ったのである。無論、上司の望み通りにハシゴが到着するのだから、パフォーマンスとしては満点だ。

　指示の仕方一つで、これだけ違いが出る。これこそがスポーツ系自己啓発本に根ざすウィットモア流ビジネス・コーチングの威力なのだ。

　そしてジョン・ウィットモアが『はじめのコーチング』でビジネス・コーチングの世界に革命を起こして以降、たとえば**トマス・レナード**（Thomas J. Leonard, 1955–2003）の『**ポータブル・コーチ**』（*The Portable Coach*, 1998）であるとか、はたまた御大ティモシー・ガルウェイの『**インナーワーク**』（*The Inner Game of Work*, 1999）など、中間管理職的な立場のビジネスマンたちの悩みを解消するスポーツ・コーチング由来の自己啓発本が次々に出た他、非スポーツ系コーチング本の著者としては、『**運命を動かす**』『**自分を磨く**』（*Awaken the Giant Within*, 1990）を著したことで名高い「世界No.1コーチ」ことアンソニー・ロビンズや、『**コーチングの神様が教える「できる人」の法則**』（*What Got You Here Won't Get You There*, 2010）などで知られる「コーチング界のグル」ことマーシャル・ゴールドスミス（Marshall Goldsmith, 1949– ）などが「コーチング」という概念をさらに広め、定着させることに貢献してきた。本書第一章で取り上げたスティーブン・R・コヴィーの『7つの習慣』（一九八九）も、よくよく考えてみれば、非スポーツ系コーチング本の先駆である。

このように、一九九〇年代以降のアメリカは、まさにコーチング系自己啓発本の百花繚乱……否、百書量産時代であったのだ。

では一体なぜ、一九九〇年代以降のアメリカで、ビジネス・コーチングというものがこれほど持て囃されるようになったのか。それを考えていくと、無論、単なる推論ではあるものの、やはりそこにはベビー・ブーマーの存在が関わっているように思われる。

一九九〇年代といえば、一九四〇年代半ばから一九五〇年代半ばにかけて生まれたベビー・ブーマーが、年齢的に四十代半ばから五十代半ばに差し掛かる頃である。会社内の立場でいえば中間管理職といったところ。しかし彼らは元ヒッピーにしてカウンター・カルチャーを謳歌した世代でもあるのだから、上司に媚びるのが嫌なのと同時に、部下に命令しまくって、頭ごなしにこき使うのも嫌なのだ。部下に向かって上役風を吹かさずに、一体どうやって中間管理職としての職務を果たし、チームとして会社から期待されるパフォーマンスを発揮すればいいのか？

ビジネス・コーチング系自己啓発本が生まれた一九九〇年代というのは、こういう悩みを抱えた人たちが山ほどいる時代だったのである。そしてこの時もアメリカの自己啓発本は、ベビー・ブーマーの悩みに立派に応えたのだ。

ちなみに、一九九〇年代に新たに登場した自己啓発本の新ジャンルとしては、もう一つ**ゲイル・シ**

ーヒー（Gail Sheehy, 1936–2020）の**『沈黙の季節』**（*The Silent Passage: Menopause*, 1993）に代表される「更年期対策系自己啓発本」というのがある。この本もまた、ベビー・ブーマー世代の女性たちがちょうど更年期に差し掛かる頃に登場しているのだが、コーチング系といい、更年期対策系といい、自己啓発本の発展の方向性がベビー・ブーマー世代の人生航路にぴったりと寄り添っていることは明らかだろう。ゆりかごの中にいた時から『スポック博士の育児書』という育児系自己啓発本の世話になってきたベビー・ブーマーにとって、こうした自己啓発本との緊密なつながりは、もはや宿命と言ってもいい。

ゆりかごから墓場までカバー

となると、この先、アメリカの自己啓発本は、どちらの方向に向かって動いていくのだろうか。

二〇二〇年代、アメリカのベビー・ブーマーは、七十代から八十代になろうとしている。もはや彼らにはビジネス・コーチング系自己啓発本も、更年期対策系自己啓発本も不要のはず。では、今、彼らに必要な自己啓発本は何か？

終活系自己啓発本？

そうかもしれない。しかし、「終活」という日本語に漂う「諦念」のイメージは、アメリカのベビー・ブーマーにはふさわしくない。そのことは、このところアメリカでますます数が増えている老人向け自己啓発本、たとえば**ジョーン・チットスター**（Joan Chittister）の *The Gift of Years: Growing Older Gracefully*（2010、**「優雅に年齢を重ねる」**の意）であるとか、**ジョー・アン・ジェンキンス**（Jo Ann Jenkins）の *Disrupt*

Aging: A Bold New Path to Living Your Best Life at Every Age（2016、「**年齢に抗う**」の意）、あるいは**クリス・クローリー**（Chris Crowley）と**ヘンリー・ロッジ**（Henry S. Lodge）の共著になる*Younger Next Year: Live Strong, Fit, Sexy, and Smart—Until You're 80 and Beyond*（2019、「**来年はさらに若く**」の意）などを見ても明らかである。これら最新のアメリカ版終活系自己啓発本が指南しているのは、現世への執着の糸を一本ずつ切っていって、人生のしがらみから漸次的に撤退する、といったことでは全然なく、むしろ最後の最後まで現世に執着し、年齢の許す範囲で最大限、人生を謳歌するためのコツなのだ。

さすがはアメリカのベビー・ブーマー、どうやら彼らは、人生の最終コーナーを回ってもなお、我が国でいうところの「断捨離」など眼中にないらしい。

日本のサッカー／野球系自己啓発本

本章では、第二次世界大戦後のアメリカの自己啓発本が、ベビー・ブーマーを想定読者層として回ってきたこと、またその結果として「スポーツ系自己啓発本」なるものが生まれ、それが単に各競技の技術的な上達を指南するものとしてではなく、むしろ人生全般における自己実現を促すための精神修養的なものとして、愛好されるようになったことについて縷々述べてきた。

が、スポーツ系自己啓発本が愛好されるのはアメリカだけではない。日本はアメリカ以上にスポーツ系自己啓発本の本丸なのだ。というのも、日本には元々「スポーツを究めることがすなわち精神修養になる」という発想があるから。剣道、弓道、柔道という言葉があるように、「野球道」という言葉があってもおかしくない――そういった考え方が通用する国なのだから、精神修養としてスポーツを語るようなスポーツ系自己啓発本が書かれる下地は、日本には大昔からあったと言っていい。

そんな日本における近年の「スポーツ系自己啓発本」の傑作の一つが、**長谷部誠**さんの『**心を整える。**』（二〇一一）である。何しろ本の帯に「プロサッカー選手初の自己啓発書」と書いてあるのだから、本を出す側にもこれが自己啓発本であるという自覚はあったはず。しかもタイトルが『心を整える。』なのだから、これが技術論ではなく精神修養を目指すものであることは明らかであろう。

ではこの本はどのような精神修養系自己啓発本なのか。

長谷部さんご自身の説明によると、長谷部さんにとって「心を整える」とは、「メンタルを強くする」という意味ではなく、たとえばエンジンの調子を見て整備するとか、ピアノを調律するといったことに近い。つまり、自分自身の心の状態を注意深く観察し、調子はずれになりそうな気配が見えたら、その都度微調整するということ。

では「心を微調整する」とは、具体的にはどうすることなのか。

その辺り、私なりに理解したところを端折って言うと、「心」というのは、たとえそれが自分の心であっても、見えないし、さわれない。だからそれを微調整するためには、とりあえずある種の「型」を用意し、その型の中に心を入れてみることが必要であると。

ではその型とは何かと言うと、一言で言えば「自分で決めた行動様式」のこと。

たとえば「人の悪口は言わない」という行動様式について考えてみよう。

サッカーというのはチーム・プレーなので、色々な人がそこに関わってくる。チーム・メイトはもちろん、監督、コーチ、マスコミ、ファンなどがいて、そこに複雑な人間関係が構築されていく。チームの状況がいい時はいいけれど、チームがうまく行っていない時、ついついその咎を関係者の誰かに押しつけて悪口を言いたくなることもあるだろう。しかし、親しい仲間内で誰かの悪口を言って、その場ではせいせいしたところで、プラスになるようなことは何も生まれない。

かくして「悪口を言う行動様式」と、「悪口を言わない行動様式」を両方試してみたところ、後者の方が自分の心にとって心地よいことが分かった。ならば、そこから先は「悪口を言わない」という行動様式を自分に課し、そうやって自分の心を心地よいままに保つ。

私が思うに、長谷部さんの言う「心を整える」というのは、そういう一連の作業のことなのではないかと。

で、そうやって自分の心が心地よい状況を作り出す行動様式を一つずつ実験しながら身につけていくことによって、長谷部さんにとっての一つの生き方が形成されていく。いわば、長谷部誠流のダンディズムが形成されていくわけである。

要するに『心を整える。』という本は、長谷部誠が己のダンディズムを語り尽くした本、なのだ。

そのように理解した上で、長谷部誠ってつくづく賢いなと感銘を受けるのは、彼が自分自身の経験をよく反芻してその中から適切に教訓を引き出していること。またそのことに加え、自分の周辺にいる人たちのことをよく観察して、その人たちから学べることを適切に引き出していること。

たとえば長谷部さんが「キング・カズ」こと三浦知良さんと食事した時のこと。その時、カズさんは炭水化物をとらず、野菜中心に食事をし、デザートは決して食べなかった。そして自分であらかじめ決めた時間が来ると、「明日の練習があるから」と言ってさっと帰ってしまった。

そこに長谷部さんはプロの厳しさを見て取る。こういう姿勢で日々の生活をしているからこそ、カズは「キング」であり続けられるのだと。そんな風に、先輩であれ誰であれ、「この人すごいな」と思ったことは肝に銘じ、そのエッセンスを自分なりに理解した上で、自分の行動に活かす。

このように自分自身の経験から学ぶことのみならず、先輩や同僚など、自分の周囲にいる優れた人たちの行動をよく見て学び、常に自分をブラッシュアップし続けているのだから、長谷部さんの人格が加速度的に練れていくのも当然。この本を読むと、なぜ長谷部誠が二十代にしてサッカー日本代表のキャプテンとしてチームを引っ張っていくことができたのか、その理由が分かる。この本がスポーツ系自己啓発本――とりわけ精神修養的な意味合いを持ったスポーツ系自己啓発本――として、ベストセラーになったのも納得である。

さて、長谷部さんの本を面白く読んで以来、「スポーツ系自己啓発本」に開眼した私であるが、そういう目で見渡すと、まあ、あるわ、あるわ、同系統の本が山ほどある。で、色々読んでみた中で特に面白かったのは**中村俊輔**さんの『**察知力**』（二〇〇八）という本と**長友佑都**さんの『**上昇思考**』（二〇一二）、それに**三浦知良**さんが書いた『**やめないよ**』（二〇一一）、『**とまらない**』（二〇一四）、『**カズのまま死にたい**』（二〇二〇）の三部作。紙幅の都合でその内容まで踏み込んでご紹介する余裕はないが、これらの本もまた、中村俊輔・長友佑都・三浦知良という稀代のサッカー選手たちが、いかにサッカーというスポーツと向き合い、いわばそれを「砥石」に使って自らの人間性を砥ぎ上げていったかを綴った本であり、その意味で長谷部さんの『心を整える。』と同様にダンディズムを語った本、すなわち「ダンディズム系自己啓発本」であると言っていい。どうやら日本のサッカー界には、ダンディな男が大勢いるらしいのだ。

一方、ダンディズムを語ってナンボのサッカー系自己啓発本とはまったく異なる趣を持つのが、日本の「野球系自己啓発本」である。

否、まったく異なると言っても、たとえば**松井秀喜**さんの『**信念を貫く**』（二〇一〇）のように、著者個人の野球との向き合い方を綴るダンディズム系の自己啓発本もあることはある。しかし全体として目立つのは、むしろ「チーム論」とか「人材育成論」の方。**野村克也**さんの『**野村ノート**』（二〇〇五）や**落合博満**さんの『**采配**』（二〇一一）などが代表例だが、どういう風にすれば適材を適所に配置し、メンバーそれぞれのモチベーションを高めて、チームとして最大の力を引き出すか、的なことを論ずるものが多い気がする。この傾向に名前を付けるとしたら、やはり「コーチング系」ということになろうか。実際、**吉井理人**さんの『**コーチング論**』（二〇一八）など、タイトルからして「コーチング」をうたっているものもある。

ではなぜサッカー系自己啓発本がダンディズムを語り、野球系自己啓発本がコーチングを語ることになるのか？　それは明確には分からない。が、何となくなら、分かるような気もする。

サッカーと野球、どちらもチームスポーツであることは変わりないとしても、やはり野球の方が各選手の投手・捕手・野手としての役割分担がはっきりしていて、さらにチームを統括する監督の立場が非常に強いことなど、組織スポーツとしての色が強い。だからこそ、いかに個々の選手の個性や長所を殺さずに、しかも組織全体としてうまく機能させるかといった運営面のノウハウが重要になってくるのであって、その秘訣を語っていくと、必然的にコーチングになってしまうということなのだろう。しかも野球のコーチングで培った人材育成のノウハウは、そっくりそのまま会社運営の秘訣としても応用できるということになるのだから、世の経営者や管理職たちがこぞって野球系自己啓発本をむさぼり読むのも当然だ。

本章で述べたように、自己啓発本業界では、本家アメリカでも日本でも、近年、ビジネスマンを想定読者に据えたコーチングの本が花盛りなのだが、アメリカの場合、そのきっかけとなったのがテニスだったのに対し、日本の場合は野球だった、ということになりそうである。

8 自己啓発本界のトホホな面々

私が自己啓発本の研究を始めたのは二〇一四年の年初なので、かれこれ十年ほど経つことになるが、この間、研究者仲間や先輩たちに「最近は自己啓発本の研究をしています」と言うと、結構な確率で冷笑されることが多い。私自身は大真面目にやっているので、こういう反応はいささか心外なのだが、数多の自己啓発本に接するうち、私も「ん？　これは……」と絶句してしまうような「トホホ本」に出くわすことが結構ある。そんな時には、なるほど、こういうのがあるから自己啓発本はイロモノ扱いされるのか……と納得してしまう。

そう、この世には優れた自己啓発本がたくさんある一方、読んでいて思わず目が点になってしまうようなトホホ系の自己啓発本も山ほどあるのだ。

そこで本書の最後に、自己啓発本界のトホホ本を幾つかご紹介したいと思う。そのココロは、人に言われるより先に「自己啓発本の世界には、トホホ本が山ほどある」と明言すること。そうすることで、その種の本の悪評のせいでちゃんとした優良自己啓発本まで一緒くたに貶められないようにしようというわけ。悪貨が良貨を駆逐する前に、皆さんの前に悪貨の見本を示してしまおうという作戦。とは言え、トホホ本にはトホホ本なりの面白さというものも無くはないので、その辺りをご紹介しながら読者の皆さんと一緒に笑い飛ばしてしまおうという狙いもある。

その意味で、本章はいわばサーカスの見世物小屋。さて、どんな大イタチ（大板血？）が飛び出すか、ご照覧、ご笑覧～！

名著にも潜むトホホなアドバイス

まずご紹介するのは、**アンソニー・ロビンズ**の『**運命を動かす**』という本。そう、前章でコーチング系自己啓発本の名著として言及した本である。実際、この本は名著ではあるのだが、時折、読者を仰天させるようなことが書いてあって、そこが面白くもあり、トホホでもある。

ロビンズのコーチングのキモは、「一旦目標を定めたら、その実現のためにプラスになることには快感の感情を結び付け、その一方、目標実現の妨げになることには不快の感情を結び付けろ」というもの。なるほど、人は快いことなら進んで行うし、不快なことからはなるべく遠ざかろうとするものだから、この方法は有効であるような気がしてくる。だが、このロビンズ流のコーチング手法を「ダイエット」に応用するとどうなるか。

ダイエットは誰にとっても至難の業で、たとえ「今度こそ痩せよう！」と心に決めても、美味しそうな御馳走を前にすれば、その堅い決意もくじけるもの。そんな意志薄弱なダイエッターに対し、ロビンズはこの本の中で驚くべきアドバイスをする。曰く、レストランで御馳走を前にダイエットの意志がくじけそうになってきたら、まず決然と席を立ってレストランの真ん中に立てと。そして先程まで自分が坐っていた席を指さしながら、周囲のお客さん全員に聞こえるように、「この食べすぎの豚野郎！」と何度も大声で叫べと。すると「食べすぎ」という行動に「恥ずかしい」という不快の感情が結び付くので、自然と食べすぎが抑制されるはず……。

うーむ……。理屈の上ではそういうことになるだろうが、実行するのはかなり難しいのではなかろうか？　そして時折この種の無理無体なアドバイスをしてしまうところが、『運命を動かす』という名著の、何ともトホホなところなのだ。


お次に取り出しましたるは、**バシャール**の書いた『**BASHAR 2006　バシャールが語る魂のブループリント**』という本。引き寄せ系自己啓発本の名著である。

この本のキーワードは「ワクワク」という言葉。「ワクワクする生き方をしなさい」というのが、バシャールの自己啓発思想の基本である。というと、「そんなの当たり前でしょ?」という声が聞こえてきそうだ。だがバシャールに言わせると、大抵の人はそこを間違うという。

向上心ある人は、まず自分の人生に大きな目標を定め、その目標に向かって懸命な努力をする。それが真っ当な人生の在り方だと信じて。だが残念なことに、実際にその目標に到達できる人は少ない。ほとんどの人は目標に到達することなく人生を終えることになり、「自分の人生は一体何だったんだ？」という絶望に苛まれるのがオチ。

バシャールが「間違っている」というのは、ここである。

バシャール曰く、特定の目標に到達するかどうかは、人生の意義を問う上で何の基準にもならない。人生の本当の目標は、「ワクワクした生き方をすること」だけ。ワクワクすることを自らの意志で選んで行うことだけが重要であって、そうした生き方をしていけば、「魂のブループリント」（これはバシャールの用語で、各人に設定された幸せの方向性みたいなもの）と、その人がワクワクを基準にして選択した行為がシンクロする。そして両者がシンクロすると、その瞬間、エネルギーに満ちた波動が発生し、その波動がその人にとって素晴らしいものを引き寄せてくれる。だから「やり遂げるべき目標」を設定するのではなく、まずは今、この瞬間をワクワクしながら生きなさい、そうすれば、そのことによって自ずと達成と言えるような何かを未来から引き寄せることになるよと。

バシャールの『BASHAR 2006』という本が我々読者に伝えようとしているのは、このような趣旨のアドバイスであって、それは確かに意義深いものである。その意味でこの本は、引き寄せ系自己啓発本として至極真っ当な本だと思う。

そう、この本を読んでいる読者がずっこけるのは、本の内容に関してではないのだ。そうではなくて、問題は著者バシャールの正体なのである。

実は、バシャールは地球人ではなく、エササニ星人だったのだ（爆！）。

エササニ星人は既に物理的な肉体を必要としないほどに進化しているので、地球人との交信はもっぱらダリル・アンカというチャネラーを通して行われる。この本も実は、バシャールからのメッセージをダリル・アンカが書き留める形で執筆されていたのだ。否、それどころか、そもそも人間が現在あるような姿にまで進化できたのも、太古の昔、エササニ星人が地球にやってきて、そこら中を這い回っていた原始生物に彼らのＤＮＡをちょこっと注入したからだという。そういう意味でも、我々地球人はエササニ星人に大きな恩を負っていることになる……。

……という話を信じられる人にとっては、この本は間違いなく名著である。だが信じられない人からすれば、噴飯もののトホホ本であろう。そして自己啓発本の中には、バシャール以外にも**『引き寄せの法則　エイブラハムとの対話』**の「エイブラハム」とか、**『セスは語る　魂が永遠であるということ』**に登場する「セス」のように、人間以外の超越的メンターが教えを垂れるという形式のものが決して少なくないのだ。これらの本の中には優れたものもあり、それらすべてを一概にトホホ本と認定することはできないが、そうは言ってもやはり読者を選ぶ類の本ではあろう。少なくともこの種の「スピリチュアル系自己啓発本」を、真面目でお堅い読者に薦めることは、控えた方が無難なようだ。

日本のトホホ系自己啓発本

さて、ここまでアメリカのトホホ系自己啓発本を紹介してきたが、このジャンルでは日本の自己啓発本も負けてはいない。否、本家アメリカのトホホ系自己啓発本を凌ぐトホホぶりを発揮している国産自己啓発本は山ほどある。たとえば『**カーネギーとジョブズの人生を拓く天国の対談　アドラー哲学を実践して得た100の金言**』(二〇一七)という本もそんな飛び切りの一冊だ。

この本のタイトルにある「カーネギー」というのは、名著『**人を動かす**』(*How to Win Friends and Influence People*, 1936)で知られる自己啓発本の大家**デール・カーネギー**(Dale Carnegie, 1888–1955)のこと。「ジョブズ」はもちろん、アップル社のスティーブ・ジョブズのことである。この二人、既に鬼籍に入っているし、そもそも生きた時代も全然違うので(カーネギーは一八八八年生まれ、ジョブズは一九五五年生まれ)、両者がこの世で出会ったことなどあるはずがないということは、言わずもがなではあるが、一応、あらかじめ言っておこう。

で、この世ですれ違うことすらなかったその二人が、天国で対談したと。

はあ……?

つまり、この二人が対談することになったらどういう展開になるか、それを著者が空想し、その空想上の対談を記したのがこの本なのだ。もうこの時点で、超弩級のトホホ本になりそうな予感がしてこないだろうか。

以下、二人の出会いの場面を引用してみよう。

働き盛りに亡くなったジョブズが自分の身近な人になったことで、カーネギーは彼に関心を持つようになった。斬新な製品を作り、印象的なプレゼンテーションをし、人の心を動かし、購買行動に導く彼の手法に、カーネギーも魅せられていたのである。

一方、ジョブズのほうはといえば（中略）『人を動かす』などの大ベストセラーを持ち、会社の経営にも精通しているカーネギーという人物に興味を持っていた。自分も、人を動かすためにたいへんな苦労と努力をしてきた。そこから自分なりの考えや方法論も持っている。それについてカーネギーと意見を交わしたいと思ったのである。

そこで、ジョブズはカーネギーに連絡をとることにした。幸いカーネギーのほうでもジョブズに関心を持っていたので、二人はカーネギーの住む館で会うことになった。（中略）

ジョブズは、昼過ぎにカーネギーの自宅に車で到着した。門を通り抜けるとボストンコモン（アメリカ最古の公立公園）の周辺にあるような古いイギリス風の館が見えてきた。館の奥の森から、カッコウの鳴き声が聞こえてくる。

車を玄関の横に止めると、なかから初老の紳士が出てきて、ジョブズをカーネギーのいる部屋まで案内してくれた。カーネギーは、雲のように柔らかいソファーのある部屋にジョブズを迎え入れた。

ジョブズ　ハーイ！　ミスター・カーネギー。初めまして。スティーブ・ジョブズです。お会いできて嬉しいです。ちょっと道を間違えて、遅れてしまいました。

カーネギー　やあ、スティーブ。デール・カーネギーです。私のことはデールと呼んでくれ。ところで、このあたりは最近住人が増えてね、道を間違えやすいんだよ。しかし君のそのヒゲ、よく似合っているね。イッセイ・ミヤケのデザインによる黒のハイネックセーターにリーバイスのジーンズ、それにニューバランスのスニーカーか。iPhoneのプレゼンテーションのときと同じスタイルだ。

ジョブズ　そうです。よくご存知ですね。これが、私のスタイルです。あなたは写真で見たように、今日も品のよい服装ですね。

カーネギー　ありがとう。

（五―七頁）

……。

冒頭からなかなかのシロモノである。私の自己啓発本の研究歴も大分積み重なってきて、たいていのことには動じないようになってはいたものの、この本のインパクトは初読の時から相当なものであった。

そしてこの先、カーネギーとジョブズがあれこれ対談していくのだが、もちろん対談といっても、事実上、すべて著者の空想――というか妄想である。たとえばジョブズの発言として「自分が作った会社〔アップル社〕から追放されたのだから、当時は何も考えられず、疲労困憊の状態でした。しかし、そこで挫折し、劣等感に負けてはいけないと思ったのです。失業の経験をバネにして、新たな目標を立て、創始者として再生しようと決心した。そして、それは最終的にアップルに復帰することで達成されました」（六二頁）というようなことが書いてあっても、それは著者が勝手に考えた台詞なのだから、そこから読者が何かを学ぶことができるのかっていうと……どうなのだろう？　できるのだろうか？　少なくとも私にはできないのだが。

ついでに言うと、この本の副題である「アドラー哲学を実践して得た100の金言」というのも、一体、何のことやら……。著者はアドラー哲学をからめた意図について「自己啓発者として知られるカーネギーの教えに、心理学者で精神科医のアルフレッド・アドラーの影響が色濃く反映されていることが挙げられる」（三頁、傍点筆者）から、と述べているのだが、その割にこの本の中でアドラーについて触れている箇所はわずかに一か所。著者が妄想したカーネギーのセリフとして、「人生の目的や目標を定めることとの重要性について、私は心理学者アルフレッド・アドラーの考えを継承していきます」（二七頁）と書いてある箇所とその周辺に限られ、それ以外の場所でアドラー哲学に言及されることはない。となると、「アドラー哲学を実践して得た100の金言」という副題は、明らかに意図的に作られた誇大広告と言う他ないのではないだろうか。

これは私の邪推だが、この本が出る少し前、**岸見一郎・古賀史健**両氏による『**嫌われる勇気**』（二〇一三）という本が大ヒットし、時ならぬアドラー・ブームが沸き起こっていたので、それを横目で眺めていた著者が、何とかこのブームにあやかろうとしたのではないだろうか。そう言えば『嫌われる勇気』の冒頭近くに「彼（＝デール・カーネギー）の著作にはアドラーの思想が色濃く反映されています」（二二頁、傍点筆者）という「哲人」のセリフがあったので、おそらく著者は『嫌われる勇気』の中のこの一文を読んで、カーネギーとアドラーの組み合わせを思いついたのであろう。で、思いついたはいいが、それ以上のことは書けなかったのに違いない。

著者は某国立大学の名誉教授だそうだが、何ともトホホな感じである。

さて、次に紹介するのは、**『アメリカインディアンの教え』**（一九九〇）という本。

このタイトルを目にした大概の人は、「アメリカインディアン」という、現在では使われることのない言葉遣いに若干眉をひそめつつ、「これは、ネイティヴ・アメリカンの間に代々伝わる民族的な叡智を語った本なのだろう」と思うのではないだろうか？

ところが……。

この本はネイティヴ・アメリカンとは一切関係のない本なのである。正真正銘、まったく関係がないのだ。

この本はもともと、**ドロシー・ロー・ノルト**（Dorothy Law Nolte, 1924–2005）という作家が書いた、“Children Learn What They Live”（**「子供は自分が生きたように学ぶ」**の意）というタイトルの詩が発端となっている。

この詩、ごく短いものなので、以下に全文を紹介しておこう。

批判ばかり受けて育った子は非難ばかりします
敵意に満ちたなかで育った子は誰とでも戦います
ひやかしを受けて育った子ははにかみ屋になります
ねたみを受けて育った子は
いつも悪いことをしているような気持ちになります
心が寛大な人のなかで育った子はがまん強くなります

励ましを受けて育った子は自信を持ちます
ほめられるなかで育った子はいつも感謝することを知ります
公明正大ななかで育った子は正義心を持ちます
思いやりのあるなかで育った子は信仰心を持ちます
人に認めてもらえるなかで育った子は自分を大事にします
仲間の愛のなかで育った子は世界に愛をみつけます

これだけの詩なのだが、これが「子育ての極意」を記したものとして、一時期日本でも評判になったことがあった。確かに、この詩に関しては、私もこれといって文句はない。言い得て妙、なのではないだろうか。

ただし、この詩のことが日本の某ラジオ番組で紹介された時、なぜかこれが「アメリカインディアンの教え」として紹介されたのである。作者であるドロシー・ロー・ノルトは白人女性であるにもかかわらず。

またその後、どういう経緯からかこの詩が『アメリカインディアンの教え』の著者の手に渡り、著者はこの詩に触発されて、自分の気の向くままに文章をものした——それが『アメリカインディアンの教え』の成立事情なのだ。

だから、これは正真正銘、日本人著者によるエッセイなのである。どのような意味であれ、ネイティヴ・アメリカンとは一ミリたりとも関わっていない。

しかし、まあ、それならそれで、著者のエッセイが優れたものであるのなら大して問題はないのだが、実はその辺もかなり微妙なのだ。

たとえばこんな一節がある。


「批判したり、非難する人たちは、怒っているか悲しいかだ」とグールディング夫妻は述べています。批判ばかりされた子どもは、怒ってもいるし悲しんでもいるのでしょう。自分の不幸の原因を誰かのせいにしたがっているのです。悪いのは自分ではない、と主張したいのです。

自分が批判されたからといって、すべての子どもが、それは自分が悪いからだととるわけではないのです。悪いのは私ではない、自分をそんなふうにした「あいつ」が悪いのだ、と「あいつ」を非難したくもなるでしょう。自分に絶望すれば、子どもでなくとも他人を非難したくなります。まして弱い子どもでは、その傾向は大きいのです。

さて、このように書いてきますと、たいていの親御さんからは「私は子どもを絶望になど追いやらない。成功することを願っている。子どもに強く優れているように励ましている」とお叱りを受けるかもしれません。

しかし、少し考えてみてください。強く優れていることを期待しての「教育」に「他人より強く優れていると他人から恨まれるぞ」という無意識のメッセージが入りこんでいるとしたら、それでもあなたは自信をもって子どもに「強く優れていなさい」と繰り返すことができるでしょうか。

実はこの「他人」とは親自身のことです。親は心のどこかで、子どもが自分を追いこすことを恐れています。たいていの親はこのことに気づかずに表面は寛容にふるまっているのです。しかし、こんなことに気づかないほど、子どもの心は鈍感ではありません。

（『アメリカインディアンの教え』三四―三五頁）


ううむ……。「人に対して怒ったり批判したりする人は、本当はその人自身が悲しみを抱えているのだ」という内容の含蓄のある言葉を、わざわざ「批判された子供は、その咎を他人に転嫁したがるものだ」という性悪説にすり替える冒頭の論理破綻もどうかと思うが、自分の子供の成長に期待する親の心には、「ただし、親を越えるな」という気持ちが混ざっていると決めつけるあたり、「なるほど！」と納得できる人がどれほどいるか……。しかもこれは氷山の一角に過ぎず、この程度のレベルの低い世間知が、あたかも「アメリカインディアン」の叡智であるかのように書かれているのであって、それは私の目から見ると相当「トホホ」なことと感じられるのだが、読者諸賢のご意見やいかに。

ちなみに、この本の著者は、アメリカの自己啓発本の翻訳の仕事も結構たくさんされているのだが、その翻訳というのがまた滅茶苦茶なのだ。たとえばこの人が二〇〇二年に出した**アニー・コール**の**『一歩ずつ幸せに近づく本』**（Annie Payson Call, *As a Matter of Course*, 1894）という自己啓発本を、原著と比べながら読んでビックリしたのだが、原著と翻訳の章立てが全然違う。翻訳版の第一章は原著でも第一章で、それはいいとして、翻訳版の第二章は、原著では第四章と第五章と第十章にある内容を順不同に

ごちゃ混ぜにしたものになっているのだ。そのほかにも、

翻訳版第三章 ↓ 原著第六章&第八章&第十三章

翻訳版第四章 ↓ 原著第七章&第九章

翻訳版第五章 ↓ 原著第二章&第十二章

翻訳版第六章 ↓ 原著第三章&第十四章

翻訳版第七章 ↓ 原著第十五章

といった具合。ちなみに「Children（子供）」と題された原著の第十一章は、どうやら訳すのを忘れたらしい……。

一事が万事こんな調子だから、原著と翻訳版を読み比べると、一体全体、原著のどの箇所を訳しているのかさっぱり分からなくなるという……。しかも翻訳の質自体もひどくて、原著の文言を端折るわ、原著にはない言葉を補うわ、もうやりたい放題。ほとんど翻訳の体をなしていない。

また、カバー袖にある「著者紹介」にもミスリーディングなところがあって、著者アニー・コールの生没年を記さぬまま「アメリカの女性心理セラピスト。心理カウンセリングや原稿執筆の他、全米各地での講演など、幅広く精力的な活動を続け、多くの支持を得てきた。本書の他にも数多くの著作があり、いずれも『心の処方箋』として読み継がれている」などと書いてある。これではまるでアニー・コールが現在活躍中の気鋭のセラピスト／カウンセラーであるかのように見えるが、実際には彼

女は一八五三年、すなわち日本でいえば江戸時代末期の生まれなのだ。その当時「心理セラピスト」とか「心理カウンセリング」などという言葉が使われていたかどうか、大いに怪しい。

とまあ、ここまでくると単なるトホホを超えて、翻訳者としての良心が問われるような気がしてくる。少なくとも自己啓発本という文学ジャンルに対するリスペクトが全然感じられない。

こういう人には、どのような形であれ、自己啓発本のことに関わってもらいたくないなあと、私などはつい思ってしまうのだが……。

日本発世界的ベストセラー『水は答えを知っている』

しかし、右に挙げた二書は、トホホ系自己啓発本の中ではまだまだヒヨッコである。世の中にはもっとすごいのがあるのだ。

私がこれまで読んだ自己啓発本の中で、そういう意味で「こいつはスゴいな」と思ったのは、**江本勝**という方が書かれた『**水は答えを知っている**』(二〇〇一)という本。これはもう、聞きしに勝る本であった。

大体、冒頭から江本氏はカッ飛ばしていて、「人間はそもそもこの世に誕生する前、受精卵のときは九九%が水です。そして、生まれたときは体の九〇%が、成人になると七〇%が水で、おそらく死ぬときになってやっと五〇%を切るのでしょう。すなわち、人間は一生を通じてほとんど水の状態で生きているといってもいいのです」(一四頁)と語り、その帰結として「物質的にみると、人間とは水です」（一五頁）と喝破する。

もう強引！　そうだったのか！　人間とは、すなわち水であると！

とまあ、この辺りからすでに「アレ？」という感じなのだが、ここからさらに江本氏は水の神秘に果敢に突入していく。

氏によれば、水は人間の言葉に敏感に反応するそうで、たとえば「ありがとう」という紙を貼った瓶に入れた水を凍らせるときれいな結晶ができるのに、「ばかやろう」と書いた紙を貼った瓶に入れた水を凍らせてもぐちゃぐちゃな結晶しかできないと。

そう、どうやら水は、日本語のひらがなが読めるらしいのだ（ホントに⁉）。ちなみに右の結晶実験において水を入れた瓶に文字を書いた紙を貼る時は、瓶の中の水の方から文字が読めるように、紙を裏返して貼らないとダメだそうなので、念のため。

ちなみに、「水は字が読める」程度のことで驚いていてはいけない。江本氏によると、水は音楽も解するらしいのだ。その証拠に、水にベートーヴェンとかモーツァルトを聴かせると、それぞれの曲調にあった結晶を作るのだという。

それだけではない。ショパンの「別れの曲」を水に聴かせてみたら、なんと結晶が二つに割れてしまった！　どうやら水は、曲を聴いただけでそのタイトルにまで反応するらしいのだ。ちなみに、エルヴィス・プレスリーの「ハートブレイク・ホテル」を聴かせた時も、結晶は真っ二つに割れたそうだから、水というものが「男女の別れ」に心を痛めていることは明らかである。

とはいえ、そもそもショパンのこの曲にはもともと「別れの曲」なんて名前は付いてないのであって、日本人が勝手にそういう名前を付けたのに過ぎない。だからショパンの曲を水が聴いて、「これは別れの曲だから」というので分裂した結晶を作るはずがないのではないか？

……と、普通はそう思うだろうが、江本氏は違う。「水はすごい！　ショパンの曲に『別れの曲』という名前を付けた日本人の心まで汲みとったんだ！」と、感動するのだ。そして、水は人間を含むあらゆる生物の思いを全部汲み取るので、海の水なんか、そこに生きた何十億年分の生命の記憶に満ちているはずだと。そういえば昔、「私は忘れない、海に約束したから」という歌詞のトワ・エ・モワの歌があったが、ひょっとすると海の方では、今なおその約束を忘れていないかもしれない。

水が記憶するのは、「思い」だけではない。たとえば薬を水に溶かすとする。で、その水を希釈して希釈して、ほとんど薬の分子が残らないほどに希釈したとしても、水は薬の記憶を保持しているので、その水には通常の濃度の薬と同等の薬効が残ると江本氏は豪語する。有名な「ルルドの泉」が病人を癒すというのも、どうやらこの原理によるらしい……。

それから、聞く耳を持つ水は人の願いも受け入れるので、琵琶湖の水を浄化しようと三百五十人ほどのボランティアで「宇宙の無限の力が凝《こ》り凝って、真《まこと》の大和《だいわ》のみ世《よ》が生《な》り成《な》った」と断言したところ、琵琶湖の水がたちまち澄んでしまったとのこと。

あと、江本氏は、地球に水があるのは、宇宙から飛んできた水の塊が今もなお日々、地球を潤しているからであって、このままだと地球は水浸しになってしまうのではと、本気で心配なさっている。

この本はそんなことを述べている本なのである。

一言で言って、やばい。この本は相当にやばい。

しかし、江本勝氏の『水は答えを知っている』という本に関していえば、これを単なる「トホホ本」に分類してことが済む……というものではない。

第一、売れ行きからしてものすごい。なんとこの本、二〇〇四年に*The Hidden Messages in Water*として英訳されると、十七週に亘って『ニューヨーク・タイムズ』紙の売り上げベストテン・リストに載り続け、現在までトータルで百八十万部が売れているのだ。そう、これまでの日本は、本場アメリカから無数の自己啓発本を輸入し、翻訳し、消費してきたわけだが、こと『水は答えを知っている』という本に関しては、逆に日本からアメリカに輸出してアチラで英語に翻訳され、アメリカ人の自己啓発本愛好家たちを魅了したのである。そういう例は、近年ではこの本と**近藤麻理恵**氏の『**人生がときめく片づけの魔法**』（英語版タイトルは*The Life-Changing Magic of Tidying Up*）以外、あまり見あたらない。

ではどうして『水は答えを知っている』はそんなに売れるのか？

それは江本氏が行った水の結晶実験が、「引き寄せの法則」の実在を証明した世界で唯一の例だから、である。

本書第二章で解説した通り、十九世紀後半のアメリカで「引き寄せの法則」なるものが産声を上げ、これが二十世紀初頭に理論化されて今日の自己啓発思想の主流の一つを作ったわけだが、その引き寄せの法則によれば、人間の思考とは固有の振動を持ったエネルギーであり、ゆえに物理的なパワーを内在させているという。だからこそ宇宙に放出された人間の思考が、宇宙を満たす「形のない唯一の物質」と共鳴することによって、その物質を人間が望む何らかのモノに変化させ、それを思考主の元に引き寄せることができる。人間の願いが叶うというのは、そういうことであると。

だが、残念なことに、「人間の思考には物理的なパワーがある」ということが実際に証明されたことはなかった。十九世紀末から約百年に亘って仮説的原理として主張されてきたけれども、それが実証されたことはなかった。

ところがそこへ江本氏が颯爽と登場し、人間の思考（「ありがとう」、もしくは「ばかやろう」）が水の結晶作用に直接的な影響を与えるということを「結晶写真」という決定的（?）な証拠を提示することで実証してしまったのだから一大事！　これはもう自己啓発思想史上の大事件と言う他ないのである。

そういうこともあって、江本氏と江本氏の『水は答えを知っている』という本の名声は、日本における以上に海外で、特にアメリカの自己啓発本ライターの間に轟いているのだ。たとえば**パム・グラウト**という著名な自己啓発本ライターも、その主著である**『こうして、思考は現実になる』**（Pam Grout, *E-Squared: Nine Do-It-Yourself Energy Experiments That Prove Your Thoughts Create Your Reality*, 2013）という本の中で、人間の思考が物質に影響を与えることを実証した偉人として、「江本博士」の御尊名を上げている。そんな事情も知らずに、江本氏の本を「トホホ本」に分類しようものなら、世界中の自己啓発本ライターからあざ笑われるのは、むしろ私の方なのだ。

というわけで、江本勝の『水は答えを知っている』という本は、どう見ても桁違いのトホホ本でありながら、その一方で、世界の自己啓発思想史上、きわめて重要な地位を占める本でもあるという、非常にレアなケースであると言っていい。人は見かけによらないとはよく言うが、『水は答えを知っている』という本もまた、見かけだけで判断してはいけないのである。

自己啓発本の敵は自己啓発本

とはいえ、本章でも先に取り上げた幾つかの例のように、世に出回っている多種・大量の自己啓発本の中には、どう見ても「トホホ本」のカテゴリーに入るものがたくさんある。それはもう、否定できない事実。

しかし……。

よく考えてみると、これは当たり前のことである。どんな世界にだって、良いものがあれば、悪いものもある。それが普通なのだ。美味しいものがあれば、不味いものもある。甘いものがあれば、苦いものもある。面白いものがあれば、つまらないものもある。人間社会だってそう。腕のいいお医者さんがいれば、藪医者もいる。素晴らしい学校の先生がいる一方、人格が疑われる先生もいる。凄腕のシェフがいるかと思うと、そうでもないシェフもいる。ダメな政治家がいれば、優れた政治家だって……どこかにはいるに違いない。

本の世界もそう。面白い小説があれば、つまらない小説もある。優れた参考書があれば、要領を得ない参考書もある。よく当たる占いの本があれば、全然見当違いな占いの本もある。そういうものなのだ。だから自己啓発本の世界にだって、優れた自己啓発本があれば、トホホな自己啓発本があったっていい。

しかし、どういうわけか分からないが、自己啓発本の世界に対してだけは、世間の風は妙に冷たくて、そういう寛容な見方をしてもらえないことがよくある。この世には飛び切り優れた自己啓発本がたくさんあるのに、たまたま一冊のトホホな自己啓発本を読んだ人が、その時点で「自己啓発本というものはくだらない」と思い込んでしまい、以後、二度と再びこの種の本に手を伸ばさなくなるということが、実によくあるのだ。

その意味で、自己啓発本の最大の敵は自己啓発本であると言っても過言ではない。トホホな自己啓発本の存在が分厚い壁となって、優れた自己啓発本と潜在的な読者との幸福なるマリアージュを阻害しているのだから。

だからこそ、今、必要なのは、優れた自己啓発本を、それを必要とする読者に向けて紹介するためのガイドラインなのではないかと私は思っている。

ひょんなことから自己啓発本の研究を十年ほど続けてきた私が、今、自分の使命と考えているのは、まさにそうしたガイドラインを策定することなのだ。

小原國芳先生のこと——あとがきに代えて

アメリカ文学研究者としての私の来し方をたどれば、典型的な異端のそれであることが分かる。

駆け出しの頃こそJ・D・サリンジャーやフラナリー・オコナーといった純文学作家の作品を研究していたものの、オコナー作品のペーパーバック版（＝文庫版）の出版経緯を調べているうちに、安価な大衆向けペーパーバックの研究自体が面白くなり、ついそちらの方面に足を踏み入れてしまったのが運の尽き。以後、アメリカの大衆文学を出版史の観点から分析・考察するという未踏の研究分野を一人歩いてきた。アメリカで人気のある女性向けロマンス叢書「ハーレクイン・ロマンス」の研究もその一端だが、まともな研究者が見向きもしないこの種の大衆文学に十年も関わっていれば、異端の烙印を押されるのも致し方のないところ。そこへ持ってきて、今度は自己啓発本の研究である。自己啓発本だって立派な大衆文学、ましてや自己啓発本はアメリカ発祥なのだから立派なアメリカ文学だ、というのが私の言い分ではあるが、よりによってハーレクイン・ロマンスよりもさらにもう一段軽視されている自己啓発本の研究を始めたとなれば、異端の道も極まれりというところだろうか。

だが、異端には異端なりの意地がある。自己啓発本の研究を始めてから約十年。この間、数え切れないほどの自己啓発本を読み漁り、かつ、かけた年数と同じほどの数の学術論文を書いてきた。これらの論文については、いずれ近いうちにまとめ、一冊の研究書として世に問うつもりである。自己啓発本などアカデミックな文学研究の対象になるはずがないと思い込んでいる学界に、ちょっとした波紋を引き起こしてあげようではないか——たとえ小石一つ分ほどの波紋だとしても。

しかし、それはそれとして、私には自己啓発本について書きたいことがまだまだたくさんあった。これまでに読んだ膨大な自己啓発本の数からして、書くだけのネタは無尽蔵にあったし、それらのネタの中には、お堅い研究書の中に盛り込むにはちと気が引ける類《たぐい》のものも多かった。何しろ自己啓発本にはピンからキリまで幅広いグラデーションがあって、キリの方ともなると相当いかがわしいものがある。そして、そのいかがわしい自己啓発本の数々こそ、実のところ、私を魅了してやまないものでもあるのだ。

というわけで私は、お堅い研究書とは別に、もう少し柔らかい内容を盛り込んだ自己啓発本の解説書を何冊か、先行的に出版することにした。その一つが本書であり、もう一つが本書に先立って出版した『14歳からの自己啓発』（トランスビュー、二〇二三年）である。これらは私の自己啓発本研究の、いわばスピンオフになるわけだが、先にも言ったように私はいかがわしいものが大好物なので、ある意味ではこちらの二冊の方が本命で、後から出す真面目な研究書の方がむしろスピンオフと言っていいのかもしれない。

なお、本書と『14歳からの自己啓発』は姉妹本であるとはいえ、盛り込んだ内容は大分異なる。自己啓発本なるものの本質を説明する必要上、内容がかぶる箇所もあるにはあるが、その場合でも、どちらかを詳しく、どちらかを簡素にするなどして相互補完的になるよう心掛けたつもりである。だから、もし本書をお読みになって、アメリカの（あるいは日本の）自己啓発本に興味が出てきたという方がいらっしゃれば、是非、姉妹本の方にも手を伸ばしていただきたい。そしてこれらの本を読まれたことがきっかけとなって、自己啓発本の名著に触れてくださる方が一人でもいたとしたら、この文学ジャンルの研究者／紹介者として、これに勝る喜びはない。

さて、小著であるとはいえ、本書が完成するまでには、多くの方々のご助力にあずかった。

まずは玉川学園小学部以来の親友で、私が自己啓発本について研究するきっかけを作ってくれた「T山君」こと谷山公一君、「E藤君」こと遠藤隆嗣君に熱い握手を。また同じく小学部以来の親友で、本書に登場してくれた「H田君」こと広田博愛君と、「H本君」こと橋本栄君の両名にも固い握手を。ついでに玉川学園中学部での同窓であり、本文中、勝手にカメオ出演してもらった俳優の川平慈英君にも笑顔で握手を。

それから『ハーレクイン・ロマンス』（平凡社新書）の出版以来、再びご一緒にお仕事をさせていただくことになった平凡社の吉田真美様に感謝の握手を。「アメリカ・日本の自己啓発本」の年表を付すことも含め、吉田さんの適切なアドバイスとご尽力がなければ、本書がこのような形で公になることはなかった。ありがとうございました。

そして私の自己啓発本研究を面白がり、快く応援の手を幾重にも差し伸べてくださった糸井重里様に、万謝の意を込めて心からの握手を。


なお、これらの方々に加えてもうお一人、お礼を言わなくてはならない方がおられる。その方とは、小原國芳先生のことである。

本書のテーマである自己啓発本、とりわけ「人が心に強く抱いた願いは、すべて実現する」と主張する引き寄せ系自己啓発本のメッセージは、受け取る人によってはそれを疑い、「そんなことあるわけがない。この世はそれほど甘いところではない」と一笑に付すかもしれない。しかし、私にはその種の疑念はほとんどなかった。なぜなら私は玉川学園小・中学部の卒業生であり、この学園の創立者で、学生たちから「おやじ」と慕われた小原國芳先生のことをよく知っていたから。

小原國芳（1887-1977）

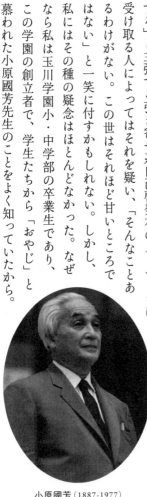

小原國芳先生は「全人教育」の理想を掲げ、その理想を実現すべく、一九二九年、東京都町田市に広大な敷地を持つ玉川学園を作られた。とはいえ、一人の教育者に過ぎなかった小原先生には、もちろん、幼稚園から大学院まで擁するこの大きな学園を作るだけの資金などない。それどころか、先生は貧しかった。幼少の頃に生家が没落したため、予定されていた旧制中学への進学も叶わず、授業料の要らない通信技術養成所や師範学校などを経由しながら、人よりも大分遠回りして教育者になられたくらいだから、お金なんかあるわけがないのだ。

しかし、これからの日本の教育はこうあらねばならぬという燃えるような理想が、桁違いに大きな夢が、先生にはあった。またそうであったからこそ、先生は日本中を駆け回って「自分はこういう学校が作りたい」という理想を獅子吼《ししく》し、夢の学園を作るためにお金を貸してくれる人、土地を提供してくれる人、そして全人教育の教育理念に賛同してくれる志ある若き教育者たちにその夢を語って止まず、その人たちすべてを巻き込んで、ついに文字通り無一物から玉川学園を作ってしまわれた。つまり先生は、「何としても理想の学校を作る」という切なる願いだけで、大きな大きな学校を作ってしまったことになる。

私は七歳の誕生日を迎える前日にその小原國芳先生と握手をし、「今日から君も玉川っ子ぞ!」と声をかけてもらって玉川学園小学部に入学した。そしてそこで「おやじ」が理想とした教育の何たるかを身をもって体験した。つまり私は、夢があれば、そしてそれを実現するための強い意志さえあれば、その夢は必ず実現するのだということを、日々、実地に学んでいたのだ。

「おやじ」の作った玉川学園を卒業している私は、引き寄せ系自己啓発本特有の常軌を逸した主張を目にしても、「なるほど。そうだよね。「おやじ」もそうだったし」と素直に受け入れることができた。またそうであるからこそ、自助努力系であると引き寄せ系であるとを問わず、「夢の実現」を謳う自己啓発本について研究することを躊躇《ためら》わなかった。私だけでなく、私の友人である谷山君や遠藤君が自己啓発本全般、それもとりわけ「引き寄せ系自己啓発本」に惹かれてしまうのは、おそらく、我々が共に小学校・中学校時代を玉川学園で過ごし、自らの壮大な夢を実現された小原國芳先生の下で教育を受けていたからであろう。

結局、人が自己啓発本なるもの全般に対して抱く好悪は、一途な夢を実現した人を身近に知っているか否か、あるいはそういう人に素直な憧れを抱いた経験があるかないかに依るところが大きいのではないだろうか。その意味で、私の自己啓発本研究を土台のところで支えてくれたのは、恩師・小原國芳先生の存在であったことは間違いない。

だからこの小著は、小原國芳先生の墓前に捧げようと思う。先生の教育に対する巨大な志と比べたらあまりにも小さな成果ではあるが、「おやじ」はきっとそんなことは気にもせず、「玉川っ子、よくやった」と私を褒めてくれることだろう。

令和五年十二月十六日

尾崎俊介

―年表―アメリカ・日本の自己啓発本

	18世紀	
ベンジャミン・フランクリン『プーア・リチャードの暦』	1732～58	
ベンジャミン・フランクリン『フランクリン自伝』 アメリカにおける自己啓発思想の始まり	1771～90	
	19世紀	
ラルフ・ウォルドー・エマソン『自己信頼』	1841	
ヘンリー・デイヴィッド・ソロー『森の生活』	1854	
サミュエル・スマイルズ『自助論』	1859	
ホレイショ・アルジャー『ぼろ着のディック』 少年向け自己啓発本の先駆	1868	
	1871	中村正直訳『西国立志編』
	1872～76	福沢諭吉『学問のすゝめ』 日本における自己啓発思想の始まり
P・T・バーナム『富を築く技術』	1880	

年	アメリカ	日本
1889	プレンティス・マルフォード『精神力』 19世紀末から20世紀初頭にかけて「金儲け系自己啓発本」と「引き寄せ系自己啓発本」が盛んに出版されるようになる アンドリュー・カーネギー『富の福音』	
1890	ラッセル・コンウェル『ダイヤモンドを探せ』	
1894	オリソン・マーデン『前進あるのみ』	内村鑑三『代表的日本人』
1897	オリソン・マーデン『サクセス』誌創刊 ラルフ・ウォルドー・トライン『人生の扉を開く「万能の鍵」』	内村鑑三『後世への最大遺物』 雑誌『実業之日本』創刊
1899	エルバート・ハバード『ガルシアへの手紙』	
20世紀		
1901	リチャード・モーリス・バック『宇宙意識』	
1902	ブッカー・T・ワシントン『奴隷より立ち上りて』 アメリカ黒人向け自己啓発本の先駆 ウィリアム・ジェイムズ『宗教的経験の諸相』 ジェームズ・アレン『「原因」と「結果」の法則』	雑誌『成功』創刊
1906	ウィリアム・W・アトキンソン『引き寄せの法則』	
1910	ウォレス・D・ワトルズ『富を「引き寄せる」科学的法則』	
1911		西田幾多郎『善の研究』 新渡戸稲造『修養』
1912	チャールズ・F・ハアネル『ザ・マスター・キー』	
1914		阿部次郎『三太郎の日記』 大正教養主義時代の始まり

	1916	新渡戸稲造『自警』（1929年に『自警録』として再刊） 渋沢栄一『論語と算盤』
	1917	倉田百三『出家とその弟子』
アンドリュー・カーネギー『カーネギー自伝』	1920	
ジュヌビエーブ・ベーレン『願望物質化の「超」法則』	1921	
エミール・クーエ『自己暗示』 アメリカで「フロイト・ブーム」が起こり、「無意識の活用」が時代のキーワードとなる	1922	
ブルース・バートン『誰も知らない男』	1924	
ジョージ・S・クレイソン『バビロンの大富豪』	1926	
	1927	岩波文庫創刊
	1930	谷口雅春『生長の家』創刊 「ニューソート」の日本への影響の一例
	1935	山本有三（編）『心に太陽を持て』
ドロシア・ブランド『目覚めよ！ 生きよ！』 デール・カーネギー『人を動かす』 サラリーマン社会の到来に伴い、人間関係改善を指南する同書がベストセラーに	1936	
ナポレオン・ヒル『思考は現実化する』	1937	吉野源三郎『君たちはどう生きるか』
	1938	岩波新書創刊
ネヴィル・ゴダード『世界はどうしたってあなたの意のまま』	1939	
	1940	河合栄治郎『学生に与う』

年	アメリカ	日本
1941		三木清『人生論ノート』
1944	デール・カーネギー『道は開ける』	
1946	ベンジャミン・スポック『スポック博士の育児書』 アメリカでベビー・ブームが始まる ジョシュア・リーブマン『心の平和』 ヴィクトール・フランクル『夜と霧』	
1949		池田潔『自由と規律』
1950		小泉信三『読書論』 日本に数ある「読書論」の嚆矢
1952	ノーマン・V・ピール『積極的考え方の力』 「ポジティブ思考」を標榜する自己啓発本の嚆矢	
1954	オルダス・ハクスリー『知覚の扉』 「意識拡張」ブームの先駆	岡本太郎『今日の芸術』 伊藤整『女性に関する十二章』 光文社カッパブックス、中央公論社ペーパーバックス創刊。 第1次新書ブーム始まる
1956	アール・ナイチンゲール『ザ・ストレンジスト・シークレット』	桑原武夫『一日一言』
1960	マクスウェル・マルツ『自分を動かす』	林髞『頭のよくなる本』
1961	キャサリン・ポンダー『「宇宙の力」を使いこなす方法』	
1962		岩田一男『英語に強くなる本』 南博（編）『記憶術』 松田道夫『私は二歳』
1963	ベティ・フリーダン『新しい女性の創造』 第二波フェミニズム（=ウーマン・リブ運動）の始まり ジョセフ・マーフィー『眠りながら成功する』	

1966		神谷美恵子『生きがいについて』
1967	トーマス・A・ハリス『幸福になる関係、壊れてゆく関係』 1967年、サンフランシスコでヒッピーの祭典「サマー・オブ・ラブ」が行われ、ヒッピー・ムーブメント、カウンター・カルチャーは最高潮に	中根千枝『タテ社会の人間関係』 三島由紀夫『葉隠入門』
1968	オグ・マンディーノ『世界最強の商人』 バックミンスター・フラー『宇宙船地球号操縦マニュアル』 エコロジー・ブームの到来 スチュアート・ブランド『全地球カタログ』 カルロス・カスタネダ『ドン・ファンの教え』	松下幸之助『道をひらく』
1969	アメリカで「ウッドストック・フェスティバル」開催。ヒッピー・ムーブメントの終焉 セオドア・ローザック『対抗文化の思想』 エリザベス・キューブラー＝ロス『死ぬ瞬間——死とその過程について』	梅棹忠夫『知的生産の技術』 高田好胤『心——いかに生きたらいいか』 仏教書ブームの先駆 石原慎太郎『スパルタ教育』
1970	アブラハム・マズロー『人間性の心理学』 (ミハイ・チクセントミハイやマーティン・セリグマンに連なる)「幸福心理学」の先駆 アーサー・ヤノフ『原初療法』 チャールズ・A・ライク『緑色革命』 アリシア・ベイ＝ローレル『地球の上に生きる』 リチャード・バック『かもめのジョナサン』	鈴木俊隆『禅マインド ビギナーズ・マインド』 アメリカで出版された禅の入門書
1971	ミルドレッド・ニューマン／バーナード・ベルコビッツ『ベスト・フレンド』 フランシス・ムア・ラッペ『小さな惑星の緑の食卓』 ラム・ダス『ビー・ヒア・ナウ』	

ジョージ・オニール『オープン・マリッジ』	1972	船井幸雄『変身商法』（1976年に『船井流経営法』として再刊）
ジェリー・グリーンウォルド『なりたい自分になりなさい』	1973	
ティモシー・ガルウェイ『インナーゲーム』 スポーツ系コーチング本の先駆	1974	
ジグ・ジグラー『ジグ・ジグラーのポジティブ思考』 レイモンド・ムーディ・ジュニア『かいまみた死後の世界』 アメリカで死後生ブームが始まる ティク・ナット・ハン『〈気づき〉の奇跡』 仏教由来の「マインドフルネス」という考え方がこの頃から西洋社会に普及し始める	1975	大前研一『企業参謀』
ウェイン・W・ダイアー『自分のための人生』	1976	渡部昇一『知的生活の方法』
ジェイムズ・F・フィックス『奇蹟のランニング』	1977	岸田秀『ものぐさ精神分析』
M・スコット・ペック『愛と心理療法』	1978	小此木啓吾『モラトリアム人間の時代』 矢沢永吉『成りあがり』
ノーマン・カズンズ『笑いと治癒力』 ジェラルド・G・ジャンポルスキー『愛とは、怖れを手ばなすこと』 ジェイムズ・ラヴロック『ガイアの科学——地球生命圏』	1979	
	1980	竹村健一『分裂思考で行動しよう』
ジェーン・フォンダ『ジェーン・フォンダのワークアウト』 コレット・ダウニング『シンデレラ・コンプレックス』 1980年代、アメリカでは結婚生活の破綻に悩む女性が急増	1981	栗本慎一郎『パンツをはいたサル』 ニュー・アカデミズム・ブームの先駆

ケン・ブランチャード／スペンサー・ジョンソン『1分間マネジャー』 レオ・バスカーリア『葉っぱのフレディ――いのちの旅』 トランスパーソナル心理学に依拠した老人向け絵本	1982	鈴木健二『気くばりのすすめ』 本田宗一郎『私の手が語る』
シャーリー・マクレーン『アウト・オン・ア・リム』	1983	外山滋比古『思考の整理学』
ダン・カイリー『ウェンディ・ジレンマ』	1984	
イアン・スティーヴンソン『前世を記憶する子どもたち』	1987	
スティーブン・R・コヴィー『7つの習慣』	1989	
M・チクセントミハイ『フロー体験　喜びの現象学』 マーク・フィッシャー『若きミリオネア物語』 アンソニー・ロビンズ『運命を動かす』／『自分を磨く』 マーティン・セリグマン『オプティミストはなぜ成功するか』	1990	中谷彰宏『面接の達人』
ジョージ・レナード『達人のサイエンス』	1991	
ジョン・ウィットモア『はじめのコーチング』 ビジネス・コーチング本の先駆 グロリア・スタイネム『ほんとうの自分を求めて』	1992	中野孝次『清貧の思想』 バブル時代への反省として、「清貧」がキーワードに 河合隼雄『こころの処方箋』
ゲイル・シーヒー『沈黙の季節』	1993	野口悠紀雄『「超」整理法』 五木寛之『生きるヒント』
ディーパック・チョプラ『富と成功をもたらす7つの法則』 ジョン・カバットジン『マインドフルネスを始めたいあなたへ』	1994	永六輔『大往生』
ダニエル・ゴールマン『EQ――こころの知能指数』 サラ・バン・ブラナック『シンプルな豊かさ』	1995	春山茂雄『脳内革命』 脳ブームの先駆

年	アメリカ	日本
1996	デイル・ドーテン『仕事は楽しいかね？』	七田眞『超右脳革命』 飯田史彦『生きがいの創造』
1997	リチャード・カールソン『小さいことにくよくよするな！』 ロバート・キヨサキ『金持ち父さん、貧乏父さん』	
1998	スペンサー・ジョンソン『チーズはどこへ消えた？』 トマス・レナード（編）『ポータブル・コーチ』	赤瀬川原平『老人力』
21世紀		
2001	マーカス・バッキンガム／ドナルド・O・クリフトン 『さあ、才能（じぶん）に目覚めよう』	江本勝『水は答えを知っている』 江原啓之『人はなぜ生まれいかに生きるのか』 スピリチュアル・ブームの先駆 日野原重明『生きかた上手』
2003		本田健『ユダヤ人大富豪の教え』
2004		上大岡トメ 『キッパリ！ たった5分間で自分を変える方法』 樋口裕一『頭がいい人、悪い人の話し方』
2005		竹内一郎『人は見た目が9割』 「9割本」の先駆
2006	エックハルト・トール『ニュー・アース』 ロンダ・バーン『ザ・シークレット』 アル・ゴア『不都合な真実』	坂東眞理子『女性の品格』
2007	ジョー・ヴィターリ／イハレアカラ・ヒューレン 『あなたを成功と富と健康に導くハワイの秘法』	水野敬也『夢をかなえるゾウ』 池上彰『伝える力』
2008		茂木健一郎『脳を活かす仕事術』
2009	バーバラ・エーレンライク『ポジティブ病の国、アメリカ』	

バーバラ・フレドリクソン 『ポジティブな人だけがうまくいく3：1の法則』	2009	岩崎夏海『もし高校野球の女子マネージャーがドラッカーの「マネジメント」を読んだら』 日本における第二次ドラッカー・ブームの火付け役 勝間和代『断る力』
マーシャル・ゴールドスミス／マーク・ライター 『コーチングの神様が教える「できる人」の法則』	2010	小池龍之介『考えない練習』
	2011	近藤麻理恵『人生がときめく片づけの魔法』 2010年代の「断捨離ブーム」を牽引 長谷部誠『心を整える。』
ケリー・マクゴニガル『スタンフォードの自分を変える教室』 ジェニファー・スコット 『フランス人は10着しか服を持たない』	2012	渡辺和子『置かれた場所で咲きなさい』 阿川佐和子『聞く力』
パム・グラウト『こうして思考は現実になる』 シェリル・サンドバーグ『LEAN IN』	2013	岸見一郎・古賀史健『嫌われる勇気』 日本におけるアドラー・ブームの火付け役 林真理子『野心のすすめ』
グレッグ・マキューン『エッセンシャル思考』 マーヤ・ヴァン・ヴァーグネン『マーヤの自分改造計画』	2014	松岡修造『日めくり まいにち、修造！』 日めくり系自己啓発本の先駆
	2017	堀江貴文『多動力』
	2018	前田裕二『メモの魔力』
BJ・フォッグ『習慣 超大全』	2020	読書猿『独学大全』 2010年代後半から起こった独学ブームの決定版

参考／引用文献

はじめに

千田琢哉『印税で1億円稼ぐ』あさ出版、二〇二三年

1 自己啓発思想の誕生――ベンジャミン・フランクリン『自伝』

高橋和夫『スウェーデンボルグの思想』講談社現代新書、一九九五年

ベンジャミン・フランクリン、松本慎一・西川正身訳『フランクリン自伝』岩波文庫、一九九四年

巽孝之『ニュー・アメリカニズム』青土社、一九九五年

アンドリュー・カーネギー、坂西志保訳『カーネギー自伝』中公文庫、二〇二六年

サミュエル・スマイルズ、中村正直訳『西国立志編』(『自助論』)講談社学術文庫、一九八一年

オリソン・S・マーデン、関岡孝平訳『前進あるのみ』パンローリング、二〇一七年

スティーブン・R・コヴィー、フランクリン・コヴィー・ジャパン訳『完訳 7つの習慣』キングベアー出版、二〇二〇年

福沢諭吉『学問のすゝめ』岩波文庫、一九七八年

内村鑑三『代表的日本人』岩波文庫、一九九五年

内村鑑三『後世への最大遺物・デンマルク国の話』岩波文庫、二〇一一年

新渡戸稲造『修養』角川ソフィア文庫、二〇一七年

幸田露伴『努力論』岩波文庫、二〇〇一年

高橋是清『高橋是清自伝』(上・下)中公文庫、二〇一八年

松下幸之助『道をひらく』PHP研究所、一九六八年

水野敬也『夢をかなえるゾウ1』(新装版)文響社、二〇二一年

2 引き寄せ系自己啓発本の誕生

ジェームズ・アレン、坂本貢一訳『「原因」と「結果」の法則』サンマーク出版、二〇〇三年

マーチン・A・ラーソン、高橋和夫・井出啓一・木村清次・越智洋・島田恵訳『ニューソート――その系譜と現代的意義』日本教文社、一九九〇年

尾崎俊介「コピペされ、拡散されるエマソン」『外国語研究』51号、二〇一八年

ウィリアム・W・アトキンソン、林陽訳『引き寄せの法則――すべての願いが現実になる』KKベストセラーズ、二〇〇七年

ウォレス・ワトルズ、川島和正監訳『確実に金持ちになる「引き寄せの法則」』三笠書房、知的生きかた文庫、二〇〇八年

チャールズ・F・ハアネル、菅靖彦訳『ザ・マスター・キー』河出文庫、二〇一二年

ジュヌビエーブ・ベーレン、林陽訳『願望物質化の「超」法則』ヒカルランド、二〇一二年

C・H・ブルックス／エミール・クーエ、河野徹訳『自己暗示』

法政大学出版局、二〇一〇年
ネヴィル・ゴダード、林陽監修、新間潤子訳『世界はどうしたって「あなたの意のまま」』ヒカルランド、二〇一三年
ジョセフ・マーフィー、大島淳一訳『マーフィー 眠りながら成功する』(上・下)三笠書房、知的生きかた文庫、二〇〇一年
アール・ナイチンゲール、林陽訳『ザ・ストレンジスト・シークレット』徳間書店、二〇〇八年
ディーパック・チョプラ、渡邊愛子訳『富と成功をもたらす7つの法則』角川文庫、二〇一四年
マイケル・J・ロオジエ、石井裕之監修『引き寄せの法則』講談社、二〇〇七年
ロンダ・バーン、山川紘矢・山川亜希子・佐野美代子訳『ザ・シークレット』角川書店、二〇〇七年
ジャック・キャンフィールド／マーク・ビクター・ハンセン、木村真理・土屋繁樹訳『こころのチキンスープ』ダイヤモンド社、一九九五年

3 ポジティブであること

ノーマン・V・ピール、月沢李歌子訳『積極的考え方の力——成功と幸福を手にする17の原則』ダイヤモンド社、二〇一二年
キャサリン・ポンダー、花塚恵訳『「宇宙の力」を使いこなす方法』サンマーク出版、二〇〇九年
ジョエル・オスティーン、早野依子訳『あなたはできる——運命が変わる7つのステップ』PHP研究所、二〇〇六年
ロバート・シュラー、稲盛和夫訳『いかにして自分の夢を実現するか——思いどおりの人生を築くためにすべきこと』三笠書房、一九八九年
スペンサー・ジョンソン、門田美鈴訳『チーズはどこへ消えた?』扶桑社、二〇〇〇年
バーバラ・エーレンライク、中島由華訳『ポジティブ病の国、アメリカ』河出書房新社、二〇一〇年
Ilene Hochberg, *Who Stole My Cheese?!! A Parody*, Running Press, 2002.
ディーパック・マルホトラ、佐藤志緒訳『チーズは探すな!——他の誰かの迷路の中でネズミとして生きることを拒んだ人たちへ』ディスカヴァー・トゥエンティワン、二〇一一年
シェリー・E・テイラー、宮崎茂子訳『それでも人は、楽天的な方がいい』日本教文社、一九九八年
"Prozac: Revolution in a Capsule," in Retro Report, New York Times. https://www.youtube.com/watch?v=qgCFQ5no2jg

4 「お金持ちになろう!」アメリカの成功哲学

ラッセル・コンウェル、佐藤弥生訳『ダイヤモンドを探せ』角川文庫、二〇一三年
オグ・マンディーノ、山川紘矢・山川亜希子訳『世界最強の商人』角川文庫、二〇一四年
ジョージ・S・クレイソン、大島豊訳『バビロンの大富豪』グス

コー出版、二〇〇八年
パウロ・コエーリョ、山川紘矢・山川亜希子訳『アルケミスト——夢を旅した少年』角川文庫、一九九七年
水野敬也『夢をかなえるゾウ1』（新装版）文響社、二〇二一年
マーク・ジョイナー、林田レジリ浩文訳『オレなら、3秒で売るね！ 圧倒的に売れまくるクールでパワフルなマーケティング』フォレスト出版、二〇〇七年
アンソニー・ロビンズ、本田健訳『アンソニー・ロビンズの運命を動かす』三笠書房、二〇一四年
アンソニー・ロビンズ、本田健訳『アンソニー・ロビンズの自分を磨く』三笠書房、二〇一四年
ジグ・ジグラー、金森重樹監訳、金井真弓訳『ジグ・ジグラーのポジティブ思考——可能性を開く6つのステップ』ダイヤモンド社、二〇〇九年
トマス・J・スタンリー／ウィリアム・D・ダンコ、斎藤聖美訳『となりの億万長者——成功を生む7つの法則』早川書房、二〇一三年

5 年長者が人生を説く 父から息子への手紙

キングスレイ・ウォード、城山三郎訳『ビジネスマンの父より息子への30通の手紙』新潮文庫、一九九四年
キングスレイ・ウォード、城山三郎訳『ビジネスマンの父より娘への25通の手紙』新潮文庫、一九九五年
フィリップ・チェスターフィールド、竹内均訳『わが息子よ、君はどう生きるか』三笠書房、二〇一六年
ロジャー&チャーリー・モーティマー、田内志文訳『定職をもたない息子への手紙』ポプラ社、二〇一五年
ポール・トーディ、小竹由美子訳『イエメンで鮭釣りを』白水社、二〇〇九年
吉野源三郎『君たちはどう生きるか』岩波文庫、一九八二年

6 日めくり式自己啓発本

ベンジャミン・フランクリン、真島一男監訳『プーア・リチャードの暦』ぎょうせい、一九九六年
ヒルティ、草間平作・大和邦太郎訳『眠られぬ夜のために 第一部』岩波文庫、一九七三年
シャクティー・ガーウェイン、松岡敬子訳『マインド・カレンダー』たま出版、一九八九年
サラ・バン・ブラナック、延原泰子訳『シンプルな豊かさ 癒しと喜びのデイブック 1月～6月』早川書房、一九九七年
サラ・バン・ブラナック、延原泰子訳『シンプルな豊かさ 癒しと喜びのデイブック 7月～12月』早川書房、一九九七年
H・D・ソロー、飯田実訳『森の生活』（上・下）岩波文庫、一九九五年
グレッチェン・ルービン、花塚恵訳『人生は「幸せ計画」でうまくいく！』サンマーク出版、二〇一〇年
アリアナ・ハフィントン、服部真琴訳『サード・メトリック』CCCメディアハウス、二〇一四年

桑原武夫編『一日一言――人類の知恵』岩波新書、一九五六年
岩波書店編集部編『岩波新書の50年』岩波新書、一九八八年
井上裕介『日めくり まいにち、ポジティヴ!』ワニブックス、二〇一五年
萩本欽一『まいにち運がたまる!欽ちゃんの日めくりカレンダー』廣済堂出版、二〇一六年
ぺこぱ『日めくり 毎日ぺこぱ』大和書房、二〇二〇年
飯尾和樹『まいにち、飯尾さん』時事通信出版局、二〇二〇年
瀬戸内寂聴『笑って生ききる 日めくりカレンダー』中央公論新社、二〇二〇年
有吉弘行『365日くらやみカレンダー』双葉社、二〇二一年
アン・ミカ『ポジティブ日めくりカレンダー 毎日アンミカ』講談社、二〇二二年
なかやまきんに君『なかやまきんに君の「日めくり」パワー! ワード!』ワニブックス、二〇二二年
高岸宏行『毎日「やればできる!」ティモンディ高岸の魔法の愛ことば』主婦と生活社、二〇二三年
松岡修造『日めくり まいにち、修造!』PHP研究所、二〇一四年

7 スポーツ界の自己啓発本

ベンジャミン・スポック/マイケル・B・ローゼンバーグ、高津忠夫・奥山和男監修、暮しの手帖翻訳グループ訳『最新版 スポック博士の育児書』暮しの手帖社、一九九七年
ジェイムズ・F・フィックス、片岡義男・茂木正子訳、宇佐美彰朗・石河利寛監修『奇蹟のランニング』クイックフォックス社、一九七八年
ジェーン・フォンダ、田村協子訳『ジェーン・フォンダのワークアウト』集英社、一九八二年
ラム・ダス/ラマ・ファウンデーション、吉福伸逸・上野圭一・プラブッダ訳『ビー・ヒア・ナウ』平河出版社、一九八七年
W・T・ガルウェイ、後藤新弥訳『インナーゲーム』日刊スポーツ出版社、一九七六年
W・T・ガルウェイ、後藤新弥訳『インナーゴルフ』日刊スポーツ出版社、一九八二年
ティモシー・ガルウェイ、後藤新弥訳『インナーワーク』日刊スポーツ出版社、二〇〇三年
ジョン・ウィットモア、清川幸美訳『はじめのコーチング』ソフトバンク・パブリッシング、二〇〇三年
トマス・レナード、コーチ・トゥエンティワン監訳『ポータブル・コーチ』ディスカヴァー、二〇〇二年
アンソニー・ロビンズ、本田健訳『アンソニー・ロビンズの運命を動かす』三笠書房、二〇一四年
アンソニー・ロビンズ、本田健訳『アンソニー・ロビンズの自分を磨く』三笠書房、二〇一四年
マーシャル・ゴールドスミス/マーク・ライター、斎藤聖美訳『コ

ーチングの神様が教える「できる人」の法則』日経BPマーケティング、二〇〇七年
スティーブン・R・コヴィー、フランクリン・コヴィー・ジャパン訳『完訳7つの習慣』キングベアー出版、二〇二〇年
ゲイル・シーヒー、樋口恵子訳『沈黙の季節――更年期をどう生きるか』飛鳥新社、一九九三年
長谷部誠『心を整える。――勝利をたぐり寄せるための56の習慣』幻冬舎文庫、二〇一四年
中村俊輔『察知力』幻冬舎新書、二〇〇八年
長友佑都『上昇思考』角川書店、二〇一二年
三浦知良『やめないよ』新潮新書、二〇一一年
三浦知良『とまらない』新潮新書、二〇一四年
三浦知良『カズのまま死にたい』新潮新書、二〇二〇年
松井秀喜『信念を貫く』新潮新書、二〇一〇年
野村克也『野村ノート』小学館文庫、二〇〇九年
落合博満『采配』ダイヤモンド社、二〇一一年
吉井理人『吉井理人コーチング論』徳間書店、二〇一八年

8 自己啓発本界のトホホな面々

アンソニー・ロビンズ、本田健訳『アンソニー・ロビンズの運命を動かす』三笠書房、二〇一四年
バシャール（ダリル・アンカ）、大空夢湧子・渡辺雅子訳『BASHAR 2006 バシャールが語る魂のブループリント』ヴォイス、二〇〇六年
永江誠司『カーネギーとジョブズの人生を拓く天国の対談――アドラー哲学を実践して得た100の金言』講談社+α新書、二〇一七年
デール・カーネギー、山口博訳『人を動かす』創元社文庫、二〇二三年
岸見一郎・古賀史健『嫌われる勇気』ダイヤモンド社、二〇一三年
加藤諦三『アメリカインディアンの教え』扶桑社文庫、一九九四年
ドロシー・ロー・ノルト／レイチャル・ハリス、石井千春訳『子どもが育つ魔法の言葉』PHP文庫、二〇〇三年
アニー・コール、加藤諦三訳『一歩ずつ幸せに近づく本――当り前のことを当り前のように』大和書房、二〇〇二年
江本勝『水は答えを知っている――その結晶にこめられたメッセージ』サンマーク文庫、二〇一一年
近藤麻理恵『人生がときめく片づけの魔法』サンマーク出版、二〇一一年
パム・グラウト、桜田直美訳『こうして、思考は現実になる』サンマーク出版、二〇一四年

本研究はＪＳＰＳ科研費２０Ｋ００３８７（「アメリカ及び日本における自己啓発本出版史の研究」）の助成を受けて遂行したものである。

アメリカは自己啓発本でできている

ベストセラーからひもとく

尾崎俊介 おざき・しゅんすけ

1963年、神奈川県生まれ。

愛知教育大学教授。

専門はアメリカ文学・アメリカ文化。

著書に『S先生のこと』（新宿書房、第61回日本エッセイスト・クラブ賞）、『ホールデンの肖像』（新宿書房）、『ハーレクイン・ロマンス』（平凡社新書）、『14歳からの自己啓発』（トランスビュー）、編著に『エピソード――アメリカ文学者大橋吉之輔エッセイ集』（トランスビュー）などがある。

カバー・扉イラスト――YACHIYO KATSUYAMA
デザイン――三木俊一（文京図案室）

2024年2月21日　初版第1刷発行
2024年7月29日　初版第3刷発行

著者――尾崎俊介
発行者――下中順平
発行所――株式会社平凡社
〒101-0051
東京都千代田区神田神保町3-29
電話　03-3230-6573（営業）
平凡社ホームページ
https://www.heibonsha.co.jp/

印刷――株式会社東京印書館
製本――大口製本印刷株式会社

ISBN 978-4-582-83949-4

乱丁・落丁本のお取替は直接小社読者サービス係までお送りください（送料は小社で負担いたします）。

［お問い合わせ］
本書の内容に関するお問い合わせは弊社お問い合わせフォームをご利用ください。
https://www.heibonsha.co.jp/contact/